jamoviでトライ! 統計入門

フリーソフトウェアで始める科学データの分析

眞嶋良全・永井暁行 編
Yoshimasa Majima & Akiyuki Nagai

Learning
Statistical
Analysis
with jamovi

ナカニシヤ出版

まえがき

本書を手にとっていただき，ありがとうございます。本書で紹介する jamovi（The jamovi project, 2021）は，2019 年に ver. 1.0 が公開されたばかりの比較的新しい統計ソフトウェアです。統計処理は心理学とは切っても切れない知識，スキルであり，心理学教育の重要な柱の一つであると同時に，多くの初学者がつまずきやすい関門の一つでもあります。初学者がつまずきやすい原因としては，まず，心理学を学ぶ学部・学科が世間的にはいわゆる「文系」として認識されており，統計学やそれを支える数学に関する教育を十分に受けていないまま心理学の学修をスタートすることが思いつきます。くわえて，実際に心理学研究を行うなかでの統計の利用場面やその利用の仕方と，授業で獲得した知識をリンクさせることが難しく，具体的な問題に対する知識の活かし方についてはっきりとしたイメージを持ちにくいこともあるかもしれません。われわれは後者に注目し，現代の統計分析のほとんどが統計ソフトウェアを使って行われている状況を考慮し，初心者でも扱いやすい統計ソフトウェアの解説本を作ろう，というコンセプトから，本書の企画をスタートさせました[1]。

統計ソフトウェアには有償・無償を問わず，実にたくさんのものがあります。例えば，心理学を始めとする社会科学領域における代表的な有償のソフトウェアとしては，SAS（SAS 社），SPSS（IBM 社）などがよく知られており，多くの書籍も出版されていますが，全般に高額で個人ユーザーが気軽に試すのは難しいというデメリットがあります。一方，無償のソフトウェアとしては，R（R Foundation）が有名であり，社会科学領域の統計ソフトウェアとしては，事実上の標準の位置を占めるようになりつつあるといってよいでしょう[2]。しかし，一時期に比べれば書籍や使い勝手を向上させるオプションパッケージが多数用意されるようになったとはいえ，一定のプログラミングスキルがないとできないことも多く，初学者にとってはどうしてもハードルが高くなりがちです。

本書で紹介する jamovi は，バックグラウンドで動作する分析エンジン自体は R で設計されていながら，表面上の操作はほぼマウス操作で完結するという使いやすさが売りのソフトウェアです[3]。また，科学者による科学者のための統計ソフトウェアを謳っており，そのすべては AGPL 3 ライセンスの下で，無償で利用することができます。しかしながら，リリースされてからまだ日も浅いため，日本語で利用できる解説資料が十分ではなく，インターフェース自体も英語であるなど[4]，特に学生からは敬遠されやすいかもしれません。そこで，本書は，日本の心理学の初学者向けに jamovi を使った統計分析の実践を行えるような解説書となることを目指しました。また，より実践に則した分析を行うために，ちょっとした工夫をしています。

リアルデータを使った分析

心理学で統計分析を学ぶ理由は，つまるところ（自他を問わず）心理学の研究の中で得られたデー

---

1) 本書の企画の前身は，編者および著者らが所属する北星学園大学から 2019 年度特定研究費（共同研究）の助成を受けています。ここに記して感謝申し上げます。
2) 無償のソフトウェアには，他にも，関西学院大学清水裕士先生の手による HAD などもあります。
3) 同じようなソフトに JASP があります。JASP と jamovi の違いについては，第 1 章を参照してください。
4) 本書の原稿執筆終了間際に，日本語を含む多言語に対応した jamovi 2.3 が公開されました。ただし，執筆時点では ver. 2.3 は未だ安定版（第 1 章参照）にはなっていなかったため，本書では安定版である 2.2.5 に準じた説明を行っています。ただし，本文中で英語表記されているメニューやオプションに対しては，可能な限り 2.3 で使われている日本語と同じ日本語ラベルを付しています。

タを解析して，その結果から何らかの結論を導くために必要だからに他なりません。しかしながら，多くの心理統計の教科書は，それらしく作られたダミーのデータを使った分析が紹介されることが多いのではないでしょうか。もちろん，その方法自体は，統計分析の教育という観点から考えたときにたくさんのメリットがありますが，一方で，実際の使用場面のイメージのしにくさに繋がっていると思います。そこで，本書では，実際に公刊されている学術論文のデータを分析してみる，というアプローチをとることにしました。公刊されている論文であれば，分析が正しいかどうかや，どうしてそのような分析が必要なのかについて，その論文をあたることで理解することができます。このような本書のアイディアは，Open Stats Lab[5]（McIntyre, 2021）を参考にしています。ただし，このプロジェクトでは，取り上げている論文はいわゆるオープンアクセスのものですが，論文を掲載しているジャーナル自体が商業誌でもあり，データ利用に関するライセンスまわりの処理が複雑になる可能性が危惧されました。そこで，本書では新たに完全なオープンアクセスジャーナルから，クリエイティブ・コモンズ・表示（CC-BY）ライセンスで公開されているものを選び出しました。CC-BY では，原作者に対する適切なクレジットが示される限り，自由に複製・再配布・改変することができます。[6] 加えて，今回選ばれた論文は，いずれも研究データが OSF（Open Science Foundation）などで公開されているものとなっています。ただし，本書は，データそのものや，論文に示される図表を書籍に含めるのではなく，論文とデータの所在（URL）を示し，そこから入手できるデータを使って論文で行われているのと同じ分析を jamovi で行う方法を解説しています[7]。

　それぞれの章では，章内で使用するデータと，そのデータの出典となる論文を示しています。残念ながらオープンアクセスへの対応状況の問題のため，選ばれたデータとその元論文は，すべて英語で書かれたものになってしまいましたが，科学論文で使われている英語は，専門用語が使われていることを除けばそこまで難解なものではありませんので，是非原著論文を読みながら分析にトライしてみてください。なお，一部の章で，説明の都合上，論文データとは関係ない架空のデータセットを使用している箇所があります。そのような架空データは，本書のサポートサイトに掲載しています。サポートサイトには，それ以外のデータと元論文へのリンクも記載されていますので，本書と併せてご活用ください。本書のサポートサイトは以下の URL からアクセスすることができます。

https://sites.google.com/view/psystat-jamovi-ja

ソフトウェアを使ったデータ分析に特化した説明

　本書は，jamovi を使った分析にフォーカスしており，紙幅の問題もあることから統計の理論的あるいは数学的な説明は最小限に留めています。したがって，ある程度の統計学の知識を持っている人が，実際の分析方法を知るという目的には適していますが，統計学そのものの知識を得ることには適してはいません。そのため，本書は，心理統計学，および調査や実験の実習科目の副読本としてはお使いいただけますが，統計学そのものの知識の修得のためには，別の書籍を併せて参照していただくのがよいと思います。幸い，近年，統計学，なかでも心理統計に関する書籍はたくさんの良書が出版

---

[5]　https://sites.google.com/view/openstatslab/home

[6]　本書で取り上げた論文には 1 つだけ，著者自身が執筆した論文が含まれています。ただし，この論文は無料で読むことが可能で，データ自体は CC-BY ライセンスで OSF 上で公開されています。

[7]　その意味では，データそのものの利用について著作権上の問題はありませんが，念のために書籍におけるデータの利用に問題がないかについて，該当するオープンアクセスジャーナルの出版社と著者には確認をとっています。快くデータ利用を認めていただいた著者には深く御礼申し上げます。

されています．まずは，それらを使って統計学の基礎知識を身につけたうえで，本書を読み，実際の分析にトライしてもらえればと思っています．

心理統計に関する教科書としては，以下のようなものがあります．

【心理統計全般についての解説書】

心理統計全般の解説としては，③が幅広く，また数学的背景などの説明も十分でありお薦めできます．しかし，数学が苦手な方には少々ハードルが高いことは否めません．その場合は①や②などを出発点として，徐々に③に進んでいただくとよいでしょう．なお，①の通称「ごく初歩本」は，補足 I（ISBN: 9784781914084），補足 II（ISBN: 9784762830303）も含めたシリーズとなっていますので，補足も読むことでより理解が進むことでしょう．

① 吉田 寿夫（1998）．本当にわかりやすいすごく大切なことが書いてあるごく初歩の統計の本 北大路書房
② 芝田 征司（2017）．数学が苦手でもわかる心理統計法入門 サイエンス社
③ 南風原 朝和（2002）．心理統計学の基礎―統合的理解のために 有斐閣

【効果量，信頼区間，検定力など】

統計的仮説検定の結果が有意であることを重要視してきた旧来の科学のあり方は，統計改革と呼ばれる一連の運動によって変化を余儀なくされています．その中で，検定統計量と有意確率（p 値）に加えて，効果量（effect size）や信頼区間（confidence interval）なども同時に報告することが求められるようになってきています．効果量，信頼区間とは何か，またこれらと密接に関連する検定力（power）とは何か，それらがなぜ統計において大事なのか，といったことがらについては，以下の書籍を参照するとよいでしょう．なお，以下の⑤は①の，⑥は③の続編となっています．

④ 大久保 街亜・岡田 謙介（2012）．伝えるための心理統計―効果量・信頼区間・検定力 勁草書房
⑤ 吉田 寿夫（2018）．本当にわかりやすいすごく大切なことが書いてあるごく初歩の統計の本 補足 II 北大路書房
⑥ 南風原 朝和（2014）．続・心理統計学の基礎―統合的理解を広げ深める 有斐閣

また，上に挙げたもの以外で，それぞれの章の理解に役立つ参考図書がある場合は，章ごとに紹介しています．

本書の構成

本書は，jamovi のメニュー構成にあわせて，各章を構成しています．まず第 1 章では，jamovi のインストールからデータの読み取りと基本的な操作を解説しています．その後，第 2 章では記述統計量の算出と視覚化（図示）の方法，第 3 章では平均値の比較（t 検定），第 4 章では分散分析とおなじみの分析手法の解説が続きます．さらに，第 5 章では度数データの分析，第 6 章では相関係数の算出と検定，第 7 章では回帰分析，第 8 章では因子分析を解説します．jamovi の基本的な分析は第 8 章までで説明が完了します．最後の第 9 章では，標準インストールにはない拡張的な分析機能を提供する分析モジュールのインストール方法と，いくつかのモジュールの紹介をしています．その

中には，検定力分析，構造方程式モデリング（共分散構造分析），メタ分析など最新の分析手法に対応したものも含まれています。また，本文中に含めることができなかった架空のデータや，本書で紹介している実際の研究データ，元となっている論文へのリンクについては，サポートサイトに掲載していますので，本書を併せて活用していただければ幸いです。

　繰り返しになりますが，心理学において統計は重要な柱の一つでありながら，初学者にとっては，どうしても乗り越えるのが困難なハードルになりがちです。恥ずかしながら，編者自身も，数学や統計は苦手でした（勤務校で統計関連の授業を教えるようになった今でも苦手です）し，好きか，と問われた場合は間違いなく「好きではない」と答えるでしょう。しかし，最初はまったくちんぷんかんぷんだった統計も，ソフトウェアの力を頼ってまずは結果を出してみるところから始め，少しずつ経験を積んでいくなかで，徐々に理解できるようになってきました。本書が，読者の皆様にとって，そういったはじめの一歩を踏み出すきっかけになれば，これに勝る喜びはありません。また，最後になりましたが，jamovi というオープンソースプロジェクトは，たくさんのボランティアの貢献によって成り立っています。まえがきの締めくくりに，この素晴らしいソフトウェアを世に送り出してくれた jamovi 開発チームに感謝の意を表したいと思います。

2022 年 2 月
記録的な大雪に埋もれる札幌にて　　　　　　眞嶋 良全

引用文献

McIntyre, K. P. (2021). *Open Stats Lab. Teach Statistics Using Open Data from Psychological Science*. Retrieved from <https://sites.google.com/view/openstatslab/home> (February 21, 2022)

The jamovi project (2021). *jamovi* (Version 2.2) [Computer Software]. Retrieved from <https://www.jamovi.org> (February 21, 2022)

目　次

jamovi でトライ！統計入門

第1章 jamoviの基礎

　　jamovi（The jamovi project, 2021）はフリーかつオープンな統計ソフトウェアであり，科学コミュニティによる科学コミュニティのためのソフトウェアである。また，近年統計ソフトウェアのスタンダードの地位を確立しつつあるR言語（https://www.r-project.org）をベースに開発され，SPSS等の商用ソフトウェアと同様のグラフィカルユーザーインターフェース（GUI）を備えていて，Windows，Mac，Linux，ChromeOSといった幅広いOSに対応している。jamoviに似た統計ソフトウェアとして，JASP（https://jasp-stats.org）があるが，JASPはベイズ主義統計と頻度主義統計への両対応を謳い文句にしているのに対して，jamoviは基本的に頻度主義に基づいた分析を主眼としている点が異なっている。[1] JASPとjamoviは，ともにオープンソースであり，無償で使えるうえに，可能な分析にも大きな差はなく，統計の初心者がつまずきがちなプログラミングを行うことなく，GUIによる直観的な操作が可能となっている。したがって，JASPとjamoviの優劣を判断するのは難しく，またどちらを選んでもよいだろう。本書で敢えてjamoviを選んだ理由の1つには，本稿執筆時点では，心理統計におけるベイズ主義統計の導入がまだ十分に進んでいるとはいえず，多くの基礎的な心理統計教育（特に，公認心理師養成課程で必修とされている統計法の授業）では，伝統的な頻度主義に基づいた教育が主流となっていることが挙げられる。また，Rではなく，jamoviを薦めるのは，心理系を志望する学生の多くは，大学入学前の教育においてICTスキル，特にプログラミングに馴染んでいるとはいえず，コマンドを入力して分析を行うというRの基本を習得することは，ややハードルが高いと思われるからである。[2] さて，前置きが長くなったが，さっそくjamoviを使っていこう。

1）　ただし，拡張パッケージを導入するとjamoviでもベイズ統計の手法は使える。

2）　ちなみに，著者は，自分自身で統計分析を行う場合はR（RStudio）を使っている。jamoviはRをベースとしており，この中でRのコマンドを実行することもできるので，jamoviで統計分析に慣れた後は，Rへと移行するのも難しいことではないはずだ。多分。

　この章では，以下の論文で分析されているデータを使って，jamovi の基本操作について解説する。

Majima, Y., & Nakamura, H. (2020). Development of the Japanese version of the Generic Conspiracist Beliefs Scale (GCBS-J). *Japanese Psychological Research*, *62*, 254–267.
データは，https://osf.io/24w8u の Survey1 フォルダにある Survey1_EFA.csv を使う。
なお，論文は，https://doi.org/10.1111/jpr.12267 からダウンロードすることができるので，必要に応じて参照してほしい。

第 1 節　jamovi のダウンロードとインストール

　まずはじめに，jamovi をプロジェクトのサイト（https://www.jamovi.org）からダウンロードする。サイトトップから download をクリックしてダウンロードページを開くと，**図 1.1** のような表示となる。jamovi には，大きく分けると solid（安定版）と，current（開発版）の 2 系統があるが，本章の執筆時点では，安定版と開発版は，ともに 2.2.5 となっている。

図1.1　jamovi のダウンロード画面

　ここでは 2.2 系列に準じて説明を行う。なお，jamovi はアップデート頻度が高いため，アクセスするタイミングによっては，solid 版と current 版でバージョン表記が異なることはありうる。ただし，ダウンロードページでは，使っている PC の OS を自動で判別して，適切な選択肢を最初に表示してくれるので，基本的には solid 版を選ぶとよい。ただし，solid 版でうまくいかない場合などは current 版を試してみるとよいだろう。いずれかのバージョンを選び，ボタンをクリックするとダウンロードが開始される（その他のバージョンや，異なる OS 用のインストーラが必要な場合は，該当する選択肢をクリックすればダウンロードされる）。インストーラは，Windows 版の場合は，jamovi-XXX-win64.exe，Mac 版の場合は jamovi-XXX-macos.dmg という名前で保存される（XXXにはバージョン番号が入る）。Windows 版は，ダウンロードしたインストーラをダブルクリックすることでインストールが開始されるので，画面の指示に従ってインストールすればよい。Mac 版の場合は，インストーラをダブルクリックして表示されるディスクイメージの中にある jamovi.app をアプリケーションフォルダにドラッグアンドドロップすればインストールされる。インストールが終了したら，インストーラは削除しておこう。

第2節　jamoviの画面構成

　jamovi を起動するには，Windows の場合は，デスクトップ上に作成されたアイコン，またはスタートメニューから起動するかのいずれか，Mac の場合は，Launchpad アプリから選択するか，Finder でアプリケーションフォルダを開いて jamovi.app のアイコンをダブルクリックするかのいずれかで起動される。jamovi の起動時の画面は図1.2 のようになっている。

図1.2　jamovi の起動画面

　画面で一番大きな領域を占めるのは，データエディタと結果表示パネルである。データエディタは，読み込んだ（または入力した）データを表示し，データを編集する際に使う。結果パネルは，データを使って行った分析の結果が表示される。

　画面上部のメニュータブには，左からファイルメニュー，4 つのタブ（Variables, Data, Analyses, Edit），結果表示パネルの表示・非表示切り替えボタン，オプションメニューが並んでいる。ただし，jamovi のバージョンによっては，ないものもある（例えば，旧版となる 1.6 系統では，タブのうち Variables，および結果表示パネルの切り替えボタンはない）。

　タブは，分析や処理に関する操作をグループ化したもので，変数やデータの編集操作は **Variables**（**変数**）および **Data**（**データ**），統計分析に関する操作は **Analyses**（**分析**）タブで行う。**Edit**（**編集**）タブは，結果表示パネルに表示されたレポートの書式を変更したり，要素（テキストなど）を追加する際に用いる。

第3節　データの入力，読み込み，エクスポート

　データを直接入力する場合は，データエディタに入力する。使い方は，Excel などのスプレッドシートアプリと概ね同様であり，特に難しいことはない。データをファイルから読み込む場合は，画面左上のファイルメニューをクリックして **Open**（**開く**）を選択する。なお，その下にある **Import**（**Special Import**）は，すでにあるデータセットに対して新たなデータファイルの内容を読み込

む場合に用いるものである。[3] データファイルの形式としては，jamovi の omv 形式に加え，Excel（.xlsx），カンマ区切りテキスト（.csv），SPSS（.sav），R（.RData），SAS（.xpt），Stata（.dta），JASP（.jasp）といった主要な形式は大体網羅している。なお，Excel の場合は，先頭にあるシートからしかデータを読み込めないなどの制約はある。

　データを保存する場合は，**Save（保存）** または **Save As（別名で保存）** を選択する。保存の際は，jamovi の形式（.omv）で保存され，すでに omv 形式のファイルとして保存されている場合は，Save と Save As では，前者が上書き保存，後者が名前を付けて保存，になるが，CSV 等の外部形式で開いている場合や，データエディタに直接入力したデータを最初に保存する場合は，どちらのメニューを選んでも別名で保存することになる。

　データを omv 形式以外で保存したい場合は，**Export（書き出し）** を選ぶ。ファイルの形式としては，PDF，HTML，CSV の他，R，SPSS，SAS，Stata といった統計ソフトウェアの形式などを選ぶことができる。

　では，データ読み込みの例として，Majima & Nakamura（2020）の研究 1 のデータ Survey1_EFA.csv を jamovi で開いてみよう。

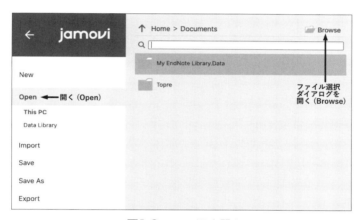

図1.3　ファイルを開く

　ファイルを開くときは，ファイルメニューから **Open（開く）** を選択する。デフォルトでは，ドキュメント（Documents または書類）フォルダが開かれることになるので，そこから↑をクリックして上位の階層に移動してから目的のフォルダを探すか，**Browse（ブラウズ）** ボタンをクリックすると OS のファイル選択ダイアログが表示されるので，それを使って目的のファイル（Survey1_EFA）を開こう（**図 1.3**）。

第 4 節　データの操作

　データを入力，または他のファイルから読み込んだ後で，データに関する操作をする場合は，**Data** タブにある機能を用いる。[4] **Data** タブにあるメニューのうち，**Variables（変数）** グループに

---

3)　元のデータと同じ変数があればその変数については値が置き換えられ，新しい変数がある場合は，変数が追加される。したがって，新たなデータを読み込んだ際に，古いデータは消えるので注意が必要である。

4)　**Variables** タブにも同様の機能はあり，**Variables** と **Data** の間に使える機能に大きな差はない。ただし，**Variables** グループでの **Setup** は，**Data** グループでは **Edit（編集）** になっているので注意する。また，**Data** の **Edit** では，複数の変数に対して同時に 1 つの操作を実行することができるようになっている点も異なっている。

は，変数について各種の設定を行う **Setup（設定）**，変数の値をもとに計算して新たな変数を作る**Compute（計算）**，変数の値を置き換えて新しい変数を作る **Transform（変換）** がある。また，変数の追加と削除は，それぞれ **Add（追加）**，**Delete（削除）** で行う（**図1.4**）。なお，この追加と削除は，すぐ右にある **Rows（行）** セクションの中にもあるので，間違えないように注意しよう。

図1.4 Data タブ

4-1　変数の設定

Setup（設定）では，変数名，変数の種類，データの種類，欠損値，データの値に対するラベルを設定することができる（**図1.5**）。変数名は，**DATA VARIABLE（データ変数）** の下の入力ボックスで変数の名前を指定するとともに，**Description** ボックスに補助的な説明を追加することができる。**Measure type（測定値型）** では，**Nominal（名義尺度）**，**Ordinal（順序尺度）**，**Continuous（連続量）** の他に，**ID** という型を指定できる。ID 型は名義尺度と同様の分類に使う変数であるが，Nominal との違いは，ID は分析に使用されることはなく，ただ識別の目的で用意される型であり，値をメモリに保管しない分，負荷をかけずに済む。また，Nominal, Ordinal, Continuous の違いによって，

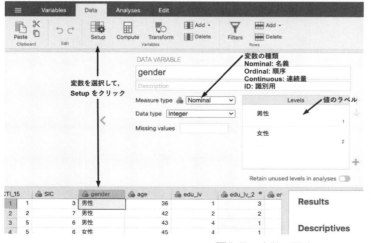

図1.5　変数の設定

それぞれ実行できる分析が異なるので，変数の種類を適切に設定するよう心がけよう。データの種類は，変数の値の型を指定するものであり，**Integer（整数）**，**Decimal（小数）**，**Text（文字）**の 3 種類がある。Decimal は 10 進数のことであり，要するに小数点以下の値を含む実数値と考えてよい。**Missing values（欠損値）**ボックスでは，データ内で欠損値を示す値を指定する。なお，空白と **NA** についてはデフォルトで欠損値として認識されるので，特段指定する必要はない。値に対するラベルは **Levels（水準）**で設定する。特に名義尺度について，データが数値で与えられている場合に，その値に対する表示ラベルを設定する目的で用いる。

4-2　変数の計算

Compute（計算）は，すでにある変数を使って計算を行い，その結果を新しい変数として作成する場合に用いる。このとき，計算に使う変数が複数あっても構わないし，単純な四則演算だけではなく，関数を使った，より高度な計算を行うことも可能である。Compute の式入力欄の左にある f_x というボタンをクリックすると利用可能な関数の一覧が表示される。一覧に表示された関数や変数は，ダブルクリックすることで計算式の入力欄にコピーされる。よく使われる関数としては，複数の変数の平均を求める MEAN ()，和を求める SUM ()，単一の変数について平方根を求める SQRT ()，対数変換を行う LN () や LOG10 () などがある。また，jamovi 特有の関数としては，1 つの列に対して，列の平均や中央値などを求める V 関数群（例えば，VMEAN ()，VMED () など）が用意されていることが挙げられる。この関数は，変数の値を使った複雑な計算を行う場合に役に立つ（V 関数の利用例は後述する）。計算によって，新たな変数を作りたい場合は，Compute をクリックし，式を入力する。なお，Compute ボタンをクリックすると，現在選択されているセルの右隣に新たな変数が挿入（Insert）される。現在のデータの末尾に計算後の変数を置きたい場合は，Compute ボタンをクリックするのではなく，**Add（追加）**ボタンから **Computed Variable（計算変数）** → **Append（追加）**を選ぶとよい。**図 1.6** の例では，GCB_3, 8, 13 という 3 つの変数を平均することで，ETC という新たな変数を作成している。

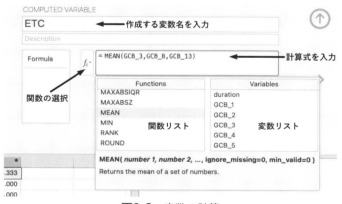

図1.6　変数の計算

4-3　変数の置換

Transform（変換）は，すでにある変数の値を，定められたルールによって置換し，新たな変数を作成するために用いる。例えば，ある変数の中央値を境に高群と低群に分割したい，といった場合は Transform の出番である。Transform は，基本的には現在選択されている列の変数を使って，

---

5)　特に，CSV 形式を読み込んだときに変数の型が自動で判別されるが，件数の少ないリッカート尺度は，しばしば Nominal になることがある。

新たな変数が作成される。Compute と同様，Transform ボタンをクリックすると，現在の列の右側に変数が挿入される。末尾に追加したい場合は **Add（追加）** ボタンから，**Transformed Variable（変換変数）** → **Append（追加）** を選ぶ。変数の計算と同様に，**TRANFORMED VARIABLE（変換変数）** の箇所に変数の名前と，**Description（説明）** を記載することができる。**Source variable（変換元の変数）** は，変換の元となる変数で Transform を選択したときに選択されていた変数が自動的に設定されるが，ドロップダウンボックスから別の変数を選択することもできる。**using transformation（使用する変換）** は，初期状態では，**None（なし）** になっているので，ドロップダウンボックスを開き，**Create New Transform（変換を新規作成）** をクリックして置換ルールを設定する。

　変換規則は，基本的に **if（もし）**，すなわち条件と，条件に合致した場合の置換後の値となる **use（なら）** の組み合わせからなり，条件は **Add recode condition（変換条件を追加）** をクリックするたびに追加される。なお，条件文は，上から順に適用されるので，そのことを念頭に置いて条件を記述しよう。例えば，Survey1_EFA データには学歴を示す edu_lv という変数があるが，この変数は 1 が高卒以下，2 が専門学校卒，3 が短期大学卒，4〜6 が大卒以上（4= 四年制，5= 六年制，6= 大学院）となっている。この変数を使って，新たな変数を作り，1 が大卒以上，2 が専門学校・短大卒，3 が高卒以下となるようにしたい場合，edu_lv を選択して，Transform をクリックした後で，変換規則を **図 1.7** のように記述する。

図1.7　変数の変換規則

　これは，元変数の値が 4 以上の場合は，新変数の値を 1，それ以外で 2 以上であれば 2，いずれにも当てはまらなければ新変数の値は 3 とするような変換を行っている。また，例えば，元の変数の中央値以上を高群，中央値未満を低群としたい場合は，列に対する計算を行う V 関数の 1 つである VMED（）を使って，

if $source >= VMED（$source）use 1
else use 0

と条件式を書くことで，元変数（**$source**）の個々の値がその変数の中央値（**VMED（$source）**）以上であれば，新しい変数の値は 1（＝ 高群），それより小さければ 0（＝ 低群）となるルールを作成することができる。なお，変換規則に名前を付けたい場合は，**TRANSFORM（変換）** の欄に入力する。

4-4　フィルタの使用
　変数の値に応じて，データセットの一部だけを分析に使いたい（例　男性のデータだけを取り出したい）場合には，**Filters（フィルタ）** を使う。フィルタの設定は，**図 1.8** にあるように，**Data** タ

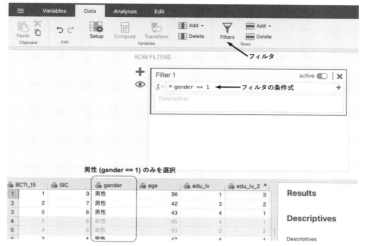

図1.8 フィルタの設定

ブにある **Filters** をクリックすることで行う。クリックすると条件式の入力ウィンドウが開くので、f_x の入力ボックスに式を入力する。条件式は、この条件を満たすものが選択されるようになるので、選びたいデータを条件として入力する。Survey1_EFA のデータでは gender は 1 が男性、2 が女性となっているため、**図1.8** の場合は、性別（gender）が 1（男性）のデータのみ選択するようになっている。なお、式の冒頭にある = は、それ以後が条件式であることを示す記号であるため削除できない。**gender==1** が式の部分に相当するが、イコールを 2 つ重ねたものの左辺に変数名、右辺に値を書いた場合、変数がその値に等しいものを選ぶということになる。値が等しいという条件の場合は、イコールを 2 つ重ねる必要があるので注意しよう[6]。また、gender の値にラベルを付けている場合は、そのラベルテキストを使うこともできる（例の場合は、gender=="男性" としても同じ結果になる）。文字列は、前後をダブルクォーテーションで囲む必要があるので注意しよう。

第 5 節 基本統計量の計算

集団の記述統計量の計算方法は、第 2 章で説明されるが、ここでは最も基本的で、最初に行うべき分析として度数分布の計算と、その可視化の方法を見ていこう。度数分布を含む、基本的な記述統計量（descriptive statistics）の計算は、**Analyses（分析）** タブの一番左側にある **Exploration（探索）** から **Descriptives（記述統計）** を選ぶ。

この分析メニューを開くと、画面左側に分析の設定が開かれる（**図1.9**）。設定の上の左側には変数のリストが表示されるので、この中にある変数のうち分析したいものを選択し、→をクリックして **Variables（変数）** のボックスに移動する。なお、**Variables** の下にある **Split by（グループ変数）** ボックスに入れられた変数は、この変数の値によってデータを分割（グループ化）するために使われる。度数分布表を作成するためには、**Split by** のボックスの下にある **Frequency tables（度数分布表）** にチェックを付ける必要がある。ただし、度数分布表は、アイコンが示すとおり、変数のタイプが名

---

6) 条件式の書き方を理解するためには、R 言語における演算子や関数について理解する必要がある。ここでは紙幅のため詳細は省略するが、インターネット上で "R 演算子" などと検索すれば多数の資料を見つけることができる。

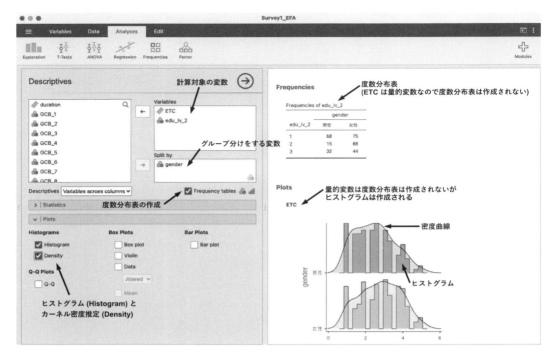

図1.9 度数分布表とヒストグラムの作成

義（Nominal），または順序（Ordinal）でないと作成されない。連続量（Continuous）変数について度数分布表は作成されないが，ヒストグラムは作成することができる。ヒストグラムは，**Plots（グラフ）**オプションを開いて，**Histogram（ヒストグラム）**にチェックを付けると自動で作成される。また，その下の **Density（密度曲線）**にチェックを付けると，カーネル密度推定の曲線をヒストグラムに追加することができる。データの正規性を見る Q-Q プロットが必要であれば，**Histogram** の下にある **Q-Q（Q-Q プロット）**にチェックを付けるとよい。

中心傾向や（四分）範囲を示す箱ひげ図，棒グラフはそれぞれ Box Plots，Bar Plots で描くことができるが，このグラフの説明は第 2 章にゆずる。

第 6 節　分析結果の出力

分析した結果を別のアプリケーションで開いたり，コピーしたりする場合は，以下の手順に従おう。まず，jamovi は omv という独自のファイル形式をとるため，他のアプリケーションでそのまま開くことはできない。そのため，結果の全体や一部を，別のアプリケーションに移動するには，そのアプリケーションで読める形式に変換するか，コピーの後，移動先のアプリケーションで貼り付ける必要がある。

コピーするにせよ，エクスポートするにせよ，まず結果ウィンドウでその範囲を指定する必要がある。このとき，jamovi の範囲設定は，他のアプリケーションとは少々異なった設定が必要になることに注意しよう。jamovi のコピー・エクスポートの範囲設定は，**All（すべて＝結果ウィンドウ全体）**，**Analysis（分析）**，あるいはその下位にある **Group（グループ）**，**Table（表）**，**Image（画像）** のレベルで設定する。範囲は，結果ウィンドウで右クリックすると現れるポップアップメニューで選ぶこ

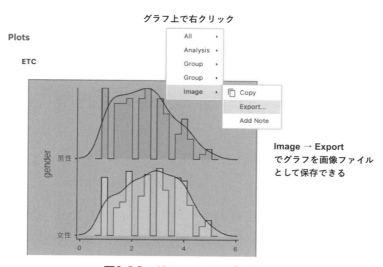

図1.10　グラフのエクスポート

とができる。例えば，**図 1.10** の場合は，ヒストグラム上で右クリックした場合の画面だが，ここで **Image（画像）**，**Export（書き出し）** の順に選ぶとグラフを画像ファイルとしてエクスポートすることができる。ここで **Analysis** を選んだときは，このグラフを含む分析全体，**Group** を選ぶとグラフを含むサブセクションをエクスポートできる。**All** を選んだ場合は，結果表示パネルにある出力すべてをエクスポートする。出力の形式は，何を出力対象とするかによって選べる形式が変わってくるが，PDF 形式は概ねすべての形式で選択することができ，グラフのみの場合は，PNG や EPS などの画像ファイル特有の形式を選ぶこともできる。

　なお，**Analysis，Group，Table，Image** は，エクスポートしたい対象の上で右クリックしないと，適切な選択ができないので注意しよう。

第 7 節　オプションの設定

　画面右上にある点が縦に 3 つ並んだボタンをクリックすると，表示等のオプション画面が開かれる（**図 1.11**）。オプション画面の上から，**Zoom（ズーム）**，**Results（結果）**，**Plots（グラフ）** などとなっている[7]。

　このうち，**Results** オプションでは，数値の表記方法を選択できる。**Number format（数値書式）** は一般的な数値の形式を指定し，大きく分けると，**significant figure（sf, 有効桁数）**，または

---

7)　ver. 2.3 以降の多国語対応版からは，Developer mode（開発者モード）の上に Language（言語）というオプションが追加され，ここで言語を選択できるようになった。2.3.0 の時点では，英語，スペイン語，日本語，ポルトガル語，中国語が選択できる。なお，言語を切り替えた後ではアプリケーションの再起動が必要である。

図1.11　オプション

decimal point（**dp, 小数位**）を指定する。デフォルトは 3sf，すなわち有効数字 3 桁となっており，小数点以下を含むと含まざるとを問わず，全体の有効数字が 3 桁になるように表示が調整される。dp を選んだ場合は，小数点以下の桁数を固定するので，整数桁が大きくなると表示桁数が増加する。**p-value format（p 値の書式）**は，確率（p 値）の表示形式を指定する。それぞれ，必要に応じて適宜設定すればよい。なお，表記形式を部分的に変更するといったことはできない。

　数値の表現，特に小数点以下の数値を含む場合の数値の書き方は，心理学における論文の書き方を定めたアメリカ心理学会出版マニュアル（American Psychological Association, 2019）や日本心理学会執筆・投稿の手びき（日本心理学会, 2015）では，**表 1.1** のように定められている。特に注意すべき

表1.1　小数点以下を含む数値の表現ルール

	理論的最大値が	
	1より大きい変数	1となる変数
共通原則	有効数字は最大で4桁	
小数点以下の桁数	2桁以内	3桁以内
整数第1位の0	省略しない	省略する
該当する変数	一般的な変数	相関係数, 確率, 標準回帰係数など
記載例	平均反応時間は 451.8 ms 評価平均は 6.74 年齢の標準偏差は 0.89	相関係数 $r = .382$ $p < .05$ $\beta = .214$

なのは，相関係数や確率などのように理論的な最大値が 1 である変数と，そうではない変数で小数点以下の桁数と，整数部の第 1 位にゼロがある場合のその 0 の表記の仕方の違いである。前者の場合は，整数第 1 位が 0 となる場合は，そのゼロを書かずに小数点から記載する（例 $p=0.05$ ではなく $p=.05$ と書く）。一方，後者の場合は，たとえ 1 より小さい値であっても，整数第 1 位のゼロを省略することはできない（例　年齢の標準偏差は .89，とは書かずに 0.89 と書く）。しかし，jamovi の出力では，最大値が 1 である変数の場合も整数第 1 位の 0 は省略されていないので注意してほしい。本書では，一般的な結果の記述をする場合は，論文などの書き方に合わせているが，ソフトウェアの出力を記載している箇所では画面からの読み取りのしやすさに配慮して，出力結果に合わせた表記を行っている。

　また，**Syntax mode（シンタックスモード）**にチェックを付けると，結果の出力が綺麗に整形されたものから，R のコマンドを実行した際の表示になる。

　Plots オプションでは，作成されるグラフのテーマや配色を選ぶことができる。組み合わせ方により作成されるグラフの印象は大きく変わるので好みのパターンを見つけるとよいだろう。

第 8 節　まとめ

　本章では，jamovi の基本操作として，ファイルおよびデータの基本的な操作と，基本的な統計量の算出方法を説明した。本章で説明した内容は，次章からの具体的な分析を行ううえで必須の方法となっているので，まずは確実に基本操作を理解しておいてほしい。それでは，次の章から，さまざまな統計分析を jamovi で行う方法を学んでいこう。

引用文献

American Psychological Association (2019). *Publication manual of the American Psychological Association* (7th ed.). American Psychological Association.
日本心理学会（2015）．執筆・投稿の手びき（2015 年改訂版）日本心理学会
The jamovi project (2021). jamovi (Version 2.2) [Computer Software]. Retrieved from <https://www.jamovi.org> (February 21, 2022)

第2章 記述統計

本章では記述統計量の操作方法を解説する。計量データの分析ではいきなり統計的検定を始めず，まずはそのデータの大まかな傾向をつかむ必要がある。このとき見るのが記述統計量（descriptive statistics）である。記述統計量は要約統計量，基本統計量，代表値などと呼ばれることもあるが同じものを指すと考えてよい。記述統計量の代表的なものには平均値，分散，四分位数，標準誤差などがある。この章では jamovi を使ってそれらの計算方法を説明すると同時に，ヒストグラムや箱ひげ図など視覚的にデータを見せる方法についても解説する。

この章では，以下の論文で分析されているデータを使って，jamovi を使った記述統計量の操作について解説する。

Wong, Y. K., Wong, W. W., Lui, K. F. H., & Wong, A. C.-N. (2018). Revisiting facial resemblance in couples. PLoS ONE, 13(1):e0191456. https://doi.org/10.1371/journal.pone.0191456
データは，https://osf.io/UZRNS の Facial_resemblance_shared.xlsx を使う。ダウンロードしたデータの中には複数のシートがあるが，この章では Experiment 1 のデータを使用する。このデータはカップルと非カップルで顔の類似度が異なるのかを検討している。

第1節 記述統計とは

数値化されたデータをもとに何かしら主張をするとき，ただ数字を並べるだけではその妥当性を検証することは難しい。統計的な手続きを踏むことで，数値が持つ傾向や性質を知ることができる。ためしに，バスケットボール部とバレーボール部であるテストをしたときの点数を比較してみよう。バスケットボール部の点数はそれぞれ 60，64，53，62，62 点で，バレーボール部の点数は 81，60，

69, 32, 44, 73 点だったとする。ここからどちらの部のほうが点数が高いのかをパッと判断するのは難しい。バスケットボール部員は 60 点台が 4 人で 50 点台が 1 人なのに対して，バレーボール部員は 80 点以上の人もいる一方，50 点以下の人も複数名いる。

　記述統計はこういうときに客観的な根拠を出すための基本的な情報をもたらす。記述統計が生まれた背景も同じで，17 世紀にイギリスの軍人ジョン・グラントは，教会が所有していた死者数の情報を使い，年代別の死者数の記録をとり，乳幼児が伝染病などによって亡くなる割合が高いことや，男女の出生数に違いが見られることなどを突き止めている。以下ではこうしたデータ全体の特徴をつかむための技法をいくつか紹介する。

第 2 節　代表値

　ある数字のリストから特徴をつかむのに用いられる数値を代表値と呼ぶ。その名のとおり，データを代表する値と考えてよい。データを代表する値として最初に思いつくのは，平均値であろう。一般的に用いられる平均値はデータをすべて足してそれをデータの個数 n で割ることで得られる。先ほどの場合，バスケットボール部員の平均は 60.2 点，バレーボール部員の平均は 59.8 点である。

　平均値は割り算を使うため，たくさんの桁数を出すことがある。バスケットボール部員は 60.2 だが，バレーボール部員は 59.83333… となる。どの桁まで結果を示すのかは判断が難しいが，小数点以下は 2 桁程度まで出しておけば十分なことが多い。なお，アメリカ心理学会の出版マニュアルでは，一般的な数値は有効数字は 4 桁，かつそのうち小数点以下は 2 桁以内，確率のように理論的な最大値が 1 となる変数は，小数点以下は 3 桁まで書くこととされている。

　平均値の他に中央値を代表値として用いることもある。中央値とはデータを大きい順に並べたときにちょうど中央に来る値を指す。データの個数が奇数個の場合，中央値はそのまま中央の数値になるが，データが偶数個の場合，中央値は中央の 2 個のデータの平均値を使う。バスケットボール部員ではデータは 5 個，バレーボール部員は 6 個となる。したがってバスケットボール部員は上から 3 番目のデータの 62 点が中央値となり，バレーボール部員は 3 番目のデータ（69 点）と 4 番目（60 点）の平均なので，64.5 点になる。

　平均値と中央値はデータのばらつき方によって使い分ける。平均値はデータ数を掛ければ全体の合計と等しくなるのに対して，中央値は掛けても全体の合計と等しくなるとは限らない。つまり，平均値を出すためにはすべての数値を用いるのに対して，中央値は中央値そのものまたは中央の 2 つの値だけを用いる。そのため，全体を代表する値としては平均値の方がより適切に見える。しかし，データに偏りが見られる場合，平均値は全体を代表するといいがたいことがある。例えば，2019 年の日本の世帯別所得を示した**図 2.1**を見ると頂点が左に偏っている。直感に反するが，これを「右に歪んだ分布」と呼ぶ。右に歪んだ分布では，平均値（点線）は高い値に影響を受け，中央値（実線）よりも大きい値をとる。このようなデータ全体の傾向から見て明らかに飛び抜けた値は「外れ値」と呼ばれる。

　正規分布を仮定できないようなデータではノンパラメトリックな方法と呼ばれるデータ分析方法を用いることが勧められる。例えば，**図 2.1**のようなデータでは平均値よりも中央値の方がデータの中心を表すという意味で代表値として適切である。それでもなお平均値を使いたい場合には外れ値を除外して平均値を計算する方法もある。

　平均値と中央値は，ともに数値の差に意味のあるようなデータ（間隔尺度）に対して用いられるが，平均値は数値に置き換えただけで大きさに意味のないようなデータ（名義尺度）や数値の大きさが何

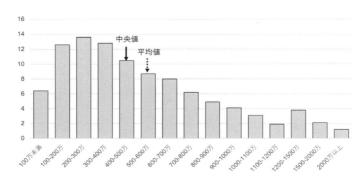

図2-1 右に歪んだ分布（日本の世帯別所得，国民生活基礎調査をもとに作成）

らかの大きさを反映しただけのデータ（順序尺度）に用いるのは適当ではない。また，中央値は順序尺度に用いることはできるが，名義尺度には使えない。これらをまとめると**表2.1**になる。

表2.1 データと使える代表値の関係

データ	例	平均値	中央値
間隔尺度	温度・時間	○	○
順序尺度	1＝近い…5＝遠い	×	○
名義尺度	1＝徒歩，2＝バス，3＝電車	×	×

名義尺度のデータには例えば学生の通学方法を調べ，選択肢を1徒歩，2自転車，3バス，4電車とした場合などがある（**表2.2**）。

表2.2 交通機関の調査結果の例

学生	中央値
A	1 徒歩
B	1 徒歩
C	4 電車
D	3 バス
…	…

結果として1（徒歩）が14名，2（自転車）が9名，3（バス）が18名，4（電車）が39名になったとする。このとき選択肢の数字を使って平均値を出すと（1×14 ＋ 2×9 ＋ 3×18 ＋ 4×39）÷80 ＝ 3.0，中央値も3になる。しかし，交通機関の平均値や中央値が約3だからといって代表的な通学方法がバスだという結論になるのはおかしい。むしろこういうときに意味を持つのは「どれが多いか」という情報，つまり最頻値である。この場合は最頻値である4（電車）が代表値になる。

それでは記述統計のうち代表値をjamoviで操作して算出してみよう。データはWong et al.（2018）による顔の類似度を使用する。まず第1章の解説に従いExperiment 1のデータを読み込む。次に，**Analyses**（**分析**）タブの**Exploration**（**探索**）を押して**Descriptives**（**記述統計**）を選択する（**図2.2**）。

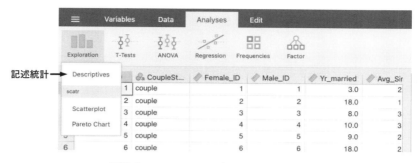

図2.2 Descriptives（記述統計）の選択

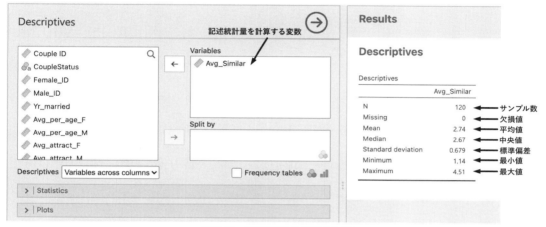

図2.3　記述統計の結果（全体）

変数の一覧から顔の類似度を表す AvgSimilar を選択し，**Variables（変数）** の左にある→を押して **Variables** ボックスに入れる。すると，**図 2.3** のようにデータ全体の平均値や中央値が計算される。これらのうち，**N** がサンプル数，**Missing** が欠損値，**Mean** が平均値，**Median** が中央値を表す。この中には後で紹介する **Standard deviation（標準偏差）**，**Minimum（最小値）**，**Maximum（最大値）** も書かれている。

ただしこれはデータ全体の結果である。Wong et al. (2018) の研究はカップルとカップルでない人の顔の類似度を比較しているのでこれらを分ける必要がある。カップルかどうかはデータ中の CoupleStatus に書かれているので，これを選択し，**Split by（グループ変数）** の左にある→を押す。すると，カップルと非カップルを分けて顔の類似度についての記述統計の結果を得ることができる（**図 2.4**）。

この結果を見ると，カップル（couple）の顔の類似度は平均値が 3.03，中央値が 2.98 となる一方，非カップル（NonCouple）だと平均値が 2.46，中央値が 2.43 となっていることが分かる。これで記述統計を出すための基本操作が分かったかと思う。

最頻値を出す場合にもほぼ同じ操作を行う。最頻値はグループ変数の下にある **Frequency tables（度数分布表）** オプションにチェックを入れることで得られる。**Frequencies（度数分析）** の下に頻度情報が出てくる。**Counts（度数）** が実数，**% of Total（全体 %）** が割合（相対頻度），**Cumulative %（累積 %）** が積み上げでの割合（累積相対頻度）を表す（**図 2.5**）。なお，**図 2.5** は，仮想データを使っている。

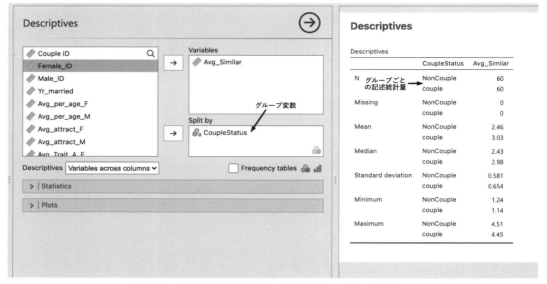

図2.4 記述統計の結果（カップルと非カップルの比較）

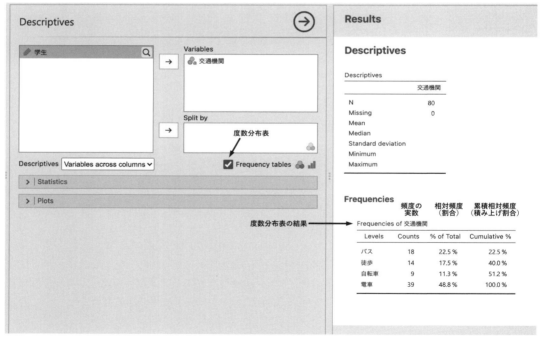

図2.5 頻度の算出

第3節　散布度

　代表値はあくまでも全体がおおよそどれくらいの値になるのかを表したものであり，これだけでデータの特徴を判断するのは危うい。第1節で見た部活動ごとのテストの点数も，バスケットボール部とバレーボール部では平均値，中央値の他に数値のばらつき方が違い，バスケットボール部は多くが60点台だったのに対してバレーボール部には80点台も40点台もいた。このようなばらつき

方は代表値とは別に表すことができ，これを散布度と呼ぶ。

　散布度を表す値の 1 つに標準偏差がある。標準偏差は 0 が最小で，大きいほどデータのばらつきが大きいことを意味する。部活動ごとのテストの点数の場合，バレーボール部の方がバスケットボール部よりもばらついているので，標準偏差が大きくなるはずである。標準偏差は，個々のデータのばらつき（平均からの差）を合わせて算出することができる。このとき用いる値を表 2.3 にまとめた。

表2.3　ばらつきを表す値

名称	計算方法
偏差	個々のデータから平均を引いた値
偏差平方	偏差を2乗した値。これを合計したものが偏差平方和
分散	偏差平方和をデータ数で割った値
標準偏差	分散の平方根（偏差平方を出したときの2乗を戻す）

　これを用いてバスケットボール部，バレーボール部の標準偏差を出すと図 2.6 のようになる。

部活	点数	偏差	偏差平方	偏差平方和	分散	標準偏差
バスケ	60	-0.2	0.04			
バスケ	64	3.8	14.44			
バスケ	53	-7.2	51.84	72.8	14.56	3.82
バスケ	62	1.8	3.24			
バスケ	62	1.8	3.24			
平均	60.2					
バレー	81	21.2	449.44			
バレー	60	0.2	0.04			
バレー	69	9.2	84.64	1730.84	288.47	16.98
バレー	32	-27.8	772.84			
バレー	44	-15.8	249.64			
バレー	73	13.2	174.24			
平均	59.8					

図2.6　標準偏差の計算

　標準偏差を得ることで，値の散らばり具合は分かるが，これは平均値と同じくデータそれぞれが平均からどれくらい離れているのかを表しており，最大値や最小値の影響を受けやすい。そのため標準偏差の他に中央値のようなデータの大きさの順序を用いてデータの散らばり具合を見る方法も知っておこう。

　中央値を用いてデータの散らばり方を見るには，最大値，最小値，四分位数を用いる。最大値と最小値はそれぞれデータの中で最大，最小となる値のことである。最大値から最小値を引いた値を範囲と呼び，これも散らばり具合を見るのに用いることができる。

　最小値から中央値までのデータに対する中央値を第 1 四分位点，中央値から最大値までのデータに対する中央値を第 3 四分位点と呼ぶ。第 1 四分位から第 3 四分位の範囲は四分位範囲（データの上位 25％から下位 25％までが含まれる範囲；Interquartile range, IQR）と呼ばれ，標準偏差と同じくデータの散らばり具合を見る 1 つの基準となる。これらは後で見る箱ひげ図を用いて視覚化できる。

　jamovi でこれらを出すには Descriptives の中にある Statistics（統計量）オプションを開く。

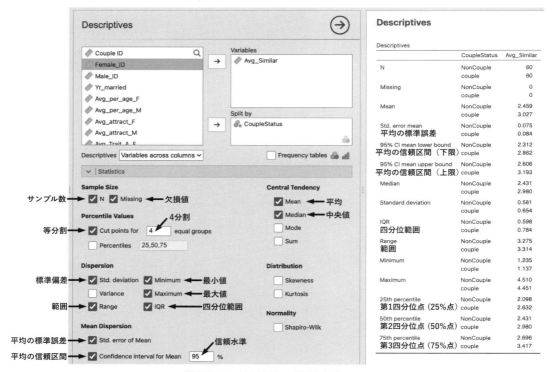

図2.7 記述統計量の計算オプション

　範囲を出すには **Range（範囲）**，四分位点を得るには **Cut points for [4] equal groups（均等に [ ] 群に分割）**，四分位範囲を出すには **IQR（四分位範囲）** オプションにチェックを入れる。デフォルトで 25%，50%，75% で切れるようになっているので，この操作だけで四分位点を得ることができる（図 2.7）。

　右 の 結 果 表 示 パ ネ ル に 示 さ れ る **Descriptives** の 中 の **25th percentile（25% 点）**，**50th percentile（50% 点）**，**75th percentile（75% 点）** がそれぞれ第 1 四分位，第 2 四分位（中央値），第 3 四分位を表す。そして，第 3 四分位から第 1 四分位を引いて四分位範囲を求め，それを 2 で割った数を四分位偏差と呼び，こちらもばらつきの指標として用いられる。

　四分位数は上位・下位 25% にあたる値なので，標準偏差に比べ，大きすぎる値，小さすぎる値の影響を受けにくいというメリットがある。ただこれは裏を返すと中央値周辺の分布を見ることしかできないので，標準偏差との良し悪しを比べるものではない。

第 4 節　推定

　母集団全体が大規模な場合，一部のサンプルから全体を推定して分析する。前節までに用いた Wong et al. (2018) の研究も同様で，実験には 120 名が参加しているが，論文では「カップルと非カップルで顔の類似度が異なるのか」という仮説が一般に（いうなれば人類全体に）成り立つのかを考察している。全体から一部を抽出して分析する以上，全体の平均（母平均）と抽出したサンプルの平均の間にはずれが生じることは避けられない。そのため，サンプルの平均値はある程度の幅を持った値だと考える必要がある。

　この考えに基づき，ある程度の幅をもった母平均を推定する方法として信頼区間がある。信頼区間

は標準誤差をもとに算出される。標準誤差が大きい場合には信頼区間も大きくなり，それはサンプル
の平均が母平均からずれる余地が大きいことを意味する。一方，標準誤差が小さい場合には信頼区間
は狭くなる。この場合は母平均をよく推定できていることになる。

標準誤差は標準偏差をサンプル数の平方根で割ることにより出すことができる。

標準誤差＝標準偏差 / サンプル数の平方根

　前節までに見た部活ごとのテストの点数について，部員がもっといると仮定して，標準誤差を出
してみよう。標準誤差は分子である標準偏差，すなわちサンプル間のばらつきが小さくなればなるほ
ど，または分母であるサンプルサイズが大きくなればなるほど，小さな値となる。この場合，バレー
部はバスケ部に比べて分母は大きくなるものの，分子は非常に大きいためばらつきが大きくなる。つ
まり，バレー部はサンプルとして出た 6 人と母集団である部員全体の平均のずれが大きい可能性が
あると考えられる。実際，上の計算式に当てはめると，バスケ部の標準誤差は 3.82 / $\sqrt{5}$ = 1.71，
バレー部の標準誤差は 16.98 / $\sqrt{6}$ = 6.93 となる。
　信頼区間にはいくつか種類があるが，よく用いられる 95%信頼区間というのは，母集団からサン
プルを抜き出したとき，100 回中 95 回がその値の範囲に含まれることを意味する。95% 信頼区間は
標準誤差に 1.96 をかけて誤差を出し，サンプルの平均から誤差をそれぞれ ± した範囲になる。

誤差＝ 1.96× 標準誤差
信頼区間＝サンプルの平均 ± 誤差

　部活の例での 95% 信頼区間はバスケ部が 56.85 から 63.55，バレー部が 46.22 から 73.38 となる。
jamovi で標準誤差と信頼区間を出すには **Descriptives** の中にある **Mean Dispersion**（**平均値の
ばらつき**）を開き，**Std. error of Mean**（**平均値の標準誤差**）と **Confidence interval for mean**（**平
均値の信頼区間**）オプションにチェックを入れる。サンプルデータであれば**図 2.7** のようになる。
　ここでは信頼区間はカップルが 2.86 から 3.19，非カップルが 2.31 から 2.61 となっている。ま
た，標準誤差は 0.07 から 0.08 と非常に小さいことから，推定される母集団全体で考えてもブレが
小さいものだと考えられる。

第 5 節　記述統計量の視覚化

　第 4 節まで見てきた記述統計はいずれも数値で表現していた。統計はやはり数学の一部であるか
ら，表現は数字を用いるのが正確だが，グラフなどを用いて数字を視覚化すると分かりやすさが増す。
　統計結果の効果的な視覚化として有名なのは，ナイチンゲールによるクリミア戦争での戦死者の死
因情報だろう。ナイチンゲールはこの戦争の死者数を報告するのに，**図 2.8** のような 1 枚の円グラ
フのようなグラフで死因の月次変化を示し戦争による直接の死者数よりも伝染病による死者数の方が
はるかに多いことを説得的に示した。この図はローズダイアグラムと呼ばれる。
　記述統計によく用いられる視覚化にはヒストグラム，箱ひげ図，棒グラフがある。jamovi でこれ
らを出力するには，**Descriptive** の中にある **Plots**（**グラフ**）で **Histogram**（**ヒストグラム**）オプショ
ン，**Box plot**（**箱ひげ図**）オプション，**Bar plot**（**棒グラフ**）オプションをそれぞれチェックする（第
1 章 5 節の解説も参照のこと）。

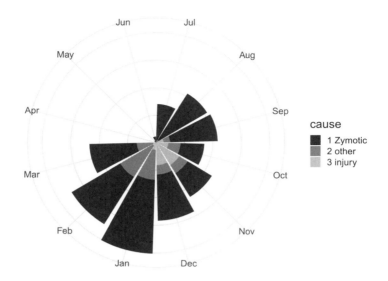

図2.8 ナイチンゲールのローズダイアグラム（単純化している）

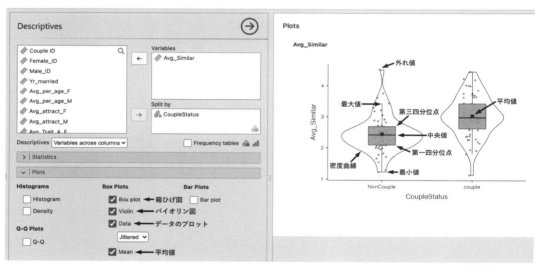

図2.9 箱ひげ図

　箱ひげ図はデータの最大値，最小値，四分位点，中央値を1つにした図である（**図2.9**）。線の範囲が最大値と最小値，箱の範囲が四分位範囲，横棒が中央値を表す。外れ値は線の外側に点で書かれる。個々のデータを入れるときは **Data（データ）** オプションにチェックを入れる。また，**Mean（平均値）** オプションにチェックを入れることで平均値が大きい四角で表示される。**Violin（バイオリン図）** にチェックを入れると，バイオリン図が表示される。バイオリン図は箱ひげ図の横にデータの分布密度を表す曲線が追加され，データ分布のより細かい情報を表現できる。

　棒グラフはグループや条件ごとの平均値を比較するのに用いる（**図2.10**）。jamovi では自動で標準誤差を基にエラーバーが付く。

　ただし，棒グラフは，箱ひげ図に比べて表現できる情報が少なくなることから，連続的なデータならば箱ひげ図を使う方が適切だろう。むしろ棒グラフは数値のデータに意味がない情報（名義尺度）に対して用いる。例えば上で紹介した通学手段の場合，**図2.11** のように表示される。

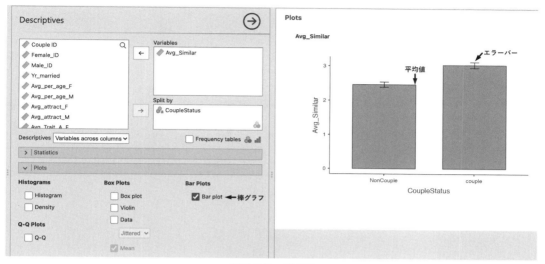

図2.10　棒グラフ

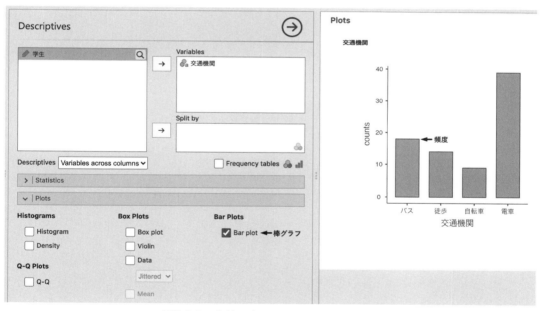

図2.11　名義尺度のデータに対する棒グラフ

第 6 節　まとめ

　本章では記述統計としてグループを表す数値（代表値），そのばらつき（散布度），一部を抜き出した場合に全体を推定する方法，そして記述統計の結果を視覚化する方法について解説した。記述統計は計量的な結果をざっくりと眺めるのに扱いやすい数値なので，jamovi を使って手軽にいじってみてほしい。

引用文献

Wong, Y. K., Wong, W. W., Lui, K. F. H., & Wong, A. C.-N. (2018). Revisiting facial resemblance in couples. *PLoS ONE, 13*(1):e0191456. <https://doi.org/10.1371/journal.pone.0191456>

 2つの平均値の比較

本章では，まず，推測統計を行うにあたって理解すべき，統計的仮説検定の考え方とそれにまつわる用語の説明を簡単に行う。その後，2つの平均値を比較する方法に関する簡単な用語の解説と算出方法を説明する。とくに，対応のない場合の平均値の比較と対応のある場合の平均値の比較について，実際のデータを用いた jamovi による算出方法を説明する。

この節で扱う分析では，検定の種類に応じて以下の各論文で分析されているデータを使い，jamovi の基本操作を解説する。

1. 対応のない場合の平均値の比較

Wong, Y. K., Wong, W. W., Lui, K. F. H. & Wong A. C. (2018). Revisiting facial resemblance in couples. *PLoS ONE, 13*(1):e0191456. https://doi.org/10.1371/journal.pone.0191456
このデータは第2章で使用したものと同じであり，https://osf.io/UZRNS にある Facial_resemblance_shared.xlsx のうち Experiment 1 のデータを利用する。

2. 対応のある平均値の比較

Takac, M., Collett, J., Blom, K. J. , Conduit, R., Rehm, I. & De Foe, A. (2019). Public speaking anxiety decreases within repeated virtual reality training sessions. *PLoS ONE, 14*(5):e0216288. https://doi.org/10.1371/journal.pone.0216288
データは，https://github.com/defoepsych/takachons にある Final_Takac_s3491341_Thesis2017.sav を利用する。

第1節　統計的仮説検定

心理学の実験や調査などで得られるデータは限られた標本であり，推測統計では，その標本から本

来知りたい母集団の特性を推定する。この際に，仮説に基づいて母集団の特性を推定することができているかどうか，つまり仮説が支持されるかどうかを判断していく過程を，統計的仮説検定という。

1-1　統計的仮説検定の手順

統計的仮説検定の手順をまとめると**表3.1**のようになる。この手順に従い，得られた標本の結果から研究仮説が支持されるのかどうかを統計的に判断していく。

はじめに，2群の平均値の比較の場合は「2群の平均値に差がない」という仮説を立てる。これを帰無仮説 (H_0) と呼ぶ。そして，この帰無仮説が棄却されたときに採択される仮説を対立仮説 (H_1) と呼び，「差がある」という仮説を設定する。統計的仮説検定では，一般的に，本来主張したい研究仮説（すなわち2群の平均値に差がある）とは異なる帰無仮説を立て，それを否定することができれば，研究仮説を受け入れる。

有意水準 (α) は，この帰無仮説を棄却する基準になり，慣例として1% ($\alpha = .01$) か5% ($\alpha = .05$) に設定する。また，標本から計算された統計値が偶然に起こる確率（有意確率 p）と照らし合わせて，p 値が有意水準 α より小さいとき ($p < \alpha$) に帰無仮説を棄却して対立仮説を採択する。

表3.1　統計的仮説検定の手順

手順	内　容
1	母集団に関する帰無仮説H_0と対立仮説H_1を設定する。
2	有意水準αの値を決める。
3	標本の平均値が仮定した母集団から生じる確率（有意確率p）を算出。
4	2と3を照らし合わせ，有意確率が有意水準より低い場合には，帰無仮説を棄却し，対立仮説を採択する。有意水準より高い場合には，帰無仮説を採択する。

1-2　第 1 種の過誤と第 2 種の過誤

統計的仮説検定は確率を用いた手法であるため，誤った判定を行う可能性がある。例えば，有意水準5%とした場合，帰無仮説（平均値に差はない）が正しいにもかかわらず，誤って棄却してしまう可能性は5%あることになる。このように差がないのに「差がある」と見誤ることを第1種の過誤 (Type-1 error) と呼ぶ。α は第1種の過誤が起きる確率となるため，有意水準 α を危険率と呼ぶこともある。一方，本当は差があるのに「差がない」と判断してしまう，すなわち棄却するべき帰無仮説を誤って採択してしまう誤りもある。これを第2種の過誤 (Type-2 error) と呼ぶ。第2種の過誤の確率は，通常 β で表される。

1-3　検定力

上述した第2種の過誤を犯さず，帰無仮説を正しく棄却する確率のことを検定力 (power) と呼び，$1 - \beta$ で表される。検定力が .50 の場合は，たとえ差があっても，その差を検出できるかどうかは五分五分ということになる。一般的には .80 が適度とされている。標本のデータ数が少ないと，検定力が低く有意差が生じにくくなり，第2種の過誤を犯す危険性が高くなる。検定力を十分に確保できる（β を十分に低くする）標本数を求めるためには，検定力分析（power analysis）を用いる。jamovi では，デフォルトのままだと，検定力と標本数の関係を調べることができないため，ここでは算出方法の詳細は省くが，第9章に示されるとおり拡張パッケージをインストールすることによって検定力分析を行うことができる。

1-4　効果量

効果量は，要因の効果の大きさを表し，データ数や分散の影響を受けずに研究間・要因間で比較できる指標として取り入れられている。t 検定の場合には，2 群の平均値差を，2 群を合わせた標準偏差で割ることで算出される Cohen's d（コーエンの d）がある。Cohen's d では，2 群の平均値の差が，2 群を合わせた標準偏差に対して何倍なのかを表すため，比較する 2 群間の平均値差が 1 標準偏差分の差がある場合には，$d = 1$ となる。Cohen (1988) では，d の値が 0.2 の場合には小さな効果量，0.5 の場合には中程度，0.8 の場合には大きな効果量としている。jamovi での Cohen's d の算出方法は 第 3 節と第 4 節にて説明する。

第 2 節　t 検定とは

t 検定は，2 つの異なる母集団の平均値 μ_1 と μ_2 の間に差があるのかどうかを，限られたデータ（すなわち標本）の平均値 $\overline{X}_1$ と $\overline{X}_2$ の差から統計的に推測する手法である。この検定では，母集団から抽出された 2 標本の平均値の差がゼロ（$H_0: \overline{X}_1 - \overline{X}_2 = 0$）であるという帰無仮説を仮定し，標本平均値の差（$\overline{X}_1 - \overline{X}_2$）が標本平均の差の標準誤差のいくつ分ゼロから離れているのかを計算する。計算された統計量は t 値と呼び，t 分布という確率分布にあてはめることで，t 値が偶然に起こる確率（有意確率）を求める。

2-1　対応のある・なし

t 検定では，2 群に対応があるデータ（paired samples）と対応のないデータ（independent samples）とで，t 値の算出方法が異なる。対応があるデータとは，2 群のデータが同じ参加者から得られた場合など，対になるデータ間に関連性がある場合を指す。対応のある t 値は，

$$t = \frac{\overline{X}_1 - \overline{X}_2}{2 \text{群を合わせた標準偏差} \times \sqrt{\dfrac{1}{n}}}$$

によって算出される。n はサンプル数を表す。

　対応がないデータとは，2 群のデータがランダムに割り振られた異なる参加者から得られた場合など，データが独立している（片方の群のデータがもう片方の群のデータに影響しない）データを指す。対応のない t 値の場合，

$$t = \frac{\overline{X}_1 - \overline{X}_2}{2 \text{群を合わせた標準偏差} \times \sqrt{\left(\dfrac{1}{n_1} - \dfrac{1}{n_2}\right)}}$$

によって算出される（n_1, n_2 はそれぞれの群のサンプル数）。なお，対応がない t 検定を行う場合，2 つの母集団の分散が等しいという条件を満たす必要がある。そのため，分散等質性検定（F 検定）により 2 つの母集団の分散が等しいかどうかを事前に調べる。この検定では，「分散が等しい」という帰無仮説が採択されれば，分散の等質性の条件を満たすことになり，対応のない t 検定を実施することができる。一方，「分散が等しい」という帰無仮説が棄却された場合には，t 検定とは別の方法で 2 つの平均値の比較を行う必要がある。jamovi では，対応のない t 検定のオプションに Welch（ウェルチ）の t 検定があるため，この検定を用いて計算を行う。ウェルチの t 検定は，2 つの群の分散が

異なる場合に対応するために，各群の分散を別々に算出した後に足し合わせて t 値を算出すると同時に，自由度も「データ数−1」よりも小さくなるように調整することで，過度な危険率の上昇を抑える工夫がなされた検定である。また，分散が等しい場合には，通常の t 検定（スチューデントの t 検定）を行っても，ウェルチの t 検定を行っても，検定力にほとんど変化がないことから，分散の等質性の検定（F 検定）を行わずに，等分散性が満たされる場合・満たされない場合のいずれにも対応可能なウェルチの検定のみを行うこともある。

2-2　片側検定と両側検定

t 検定を行う場合，対応のある・なしに加えて，片側検定と両側検定についても指定する必要がある。片側検定と両側検定のどちらを選ぶかは，研究者が検証したい仮説の内容によって決まる。「条件 A と条件 B の成績が異なる」のように，成績が条件 A の方が高くても低くてもどちらでもよい場合，両側検定を用いる。一方，先行研究に基づき，「条件 A よりも条件 B の方が成績が良い」といった方向性のある仮説を立てることができる場合には，片側検定を用いる。

第 3 節　対応のない場合の平均値の比較

ここでは，Wong et al. (2018) によるデータを使い，Experiment 1 の分析をなぞる。Wong et al. (2018) では，カップルの写真を見る群（60 名）と非カップルの写真を見る群（60 名）を分け，男女の顔に対する類似性評価に違いがあるのかどうかを調べた。ここでは，カップルの写真を見る群と非カップルの写真を見る群という異なる 2 つの標本を用い，jamovi を使った対応のない t 検定のやり方を解説する。また，分散の等質性が仮定できるかどうかによって t 値の計算方法が変わるため，等分散であるか否かを判定する検定も行う必要がある。jamovi の場合，t 検定を分析する際のオプションとして分散の等質性の検定があるため，本章ではスチューデントの t 検定と等質性の検定を同時に実施し，分散の等質性が確認できればそのまま t 検定の結果を採用し，等質性が確認できなければウェルチの t 検定に切り替えて分析する方法を紹介する。また，t 検定の場合，仮説の立て方によって棄却域が変わる。仮説は，1) カップルの写真を見る群の方が非カップルの写真を見る群よりも類似性が高い，2) 逆に非カップルの写真を見る群の方が高い可能性，3) 両群の間に何らかの相違がある可能性の 3 つである。前者の 1) と 2) とでは，理論的にまったく異なる結果であることが分かる。どの仮説を採用するかは，その研究の中で適切な根拠を示すことができるかどうかによる。今回は，研究内容には踏み込まずに，操作方法を重点的に説明するため，3) の男女間で相違があるか否かを調べる両側検定を行う。その後，Wong et al. (2018) による研究仮説に沿った分析結果を見ていくこととする。では，この概要を踏まえて，基本統計量の算出と t 検定を行う。

3-1 使用するデータセットについて

この節で扱う分析では，第 2 章でも扱った Wong et al. (2018) で分析されているデータを使って解説する。データは，https://osf.io/UZRNS にある Facial_resemblance_shared.xlsx をダウンロードする。jamovi で開いたファイルのうち，Experiment1 のシートを利用する。

3-2 基本統計量の算出

まず，適切な分析方法を選ぶための準備として，2 つの群のサンプル数，平均値，標準偏差を見ていく。t 検定の理解を深めるために必要な手順だが，手早く分析したい場合にはこの基本統計量の算出は飛ばすこともできる。その場合には，後述する t 検定の分析の際にオプション（**Additional**

Statistics カテゴリー内にある **Descriptives**）を追加するとよい。第 1 章を参考に Wong et al.
(2018) の Experiment 1 のデータセットを開き，第 2 章を参考に **Variables**（**変数**）に **Avg_Similar**
を，**Split by**（**グループ変数**）に **CoupleStatus** を指定して記述統計量を求める。

　次に，算出結果を見ていく。各群の符号は，NonCouple が非カップルの写真を見る群，Couple
がカップルの写真を見る群になる。サンプル数を見ると，NonCouple が 60 名，Couple が 60 名
であることが分かる。「類似性」の平均値は，NonCouple が 2.46，Couple が 3.03 と Couple の方
が 0.57 高いことが分かる。なおこの 2 つの平均値に有意な差があるのかどうかは，t 検定の結果を
見て判断する。また，分布のばらつきを表す標準偏差は，NonCouple が 0.58，Couple が 0.65 と
Couple の方が 0.07 数値が大きい。このばらつきが同じかどうかについては t 検定の種類を決める際
に必要となるため，次の分散の等質性の検定でさらに判断していく。

3-3　F 検定と t 検定

　では，上記の基本統計量の結果を理解したうえで，t 検定を実施していく。まず **Analyses**（**分析**）
タブより **T-Tests**（**t 検定**）を選択すると 3 つの分析タイプが出てくる。各分析タイプの概略を以下
に記す。

・Independent Samples T-Test（対応なし t 検定）
男性のデータと女性のデータのように，対応のない 2 つの標本の平均値の差を求めたいときに用
いる。
・Paired Sample T-Test（対応あり t 検定）
同じ人で走る前の心拍数のデータと走った後の心拍数のデータのように，対応のある 2 つの標本
の平均値の差を求めたいときに用いる。
・One Sample T-Test（1 標本 t 検定）
10 人の身長の平均と日本人の平均身長のように，1 組のデータとある固定値を比較したいときに
用いる。

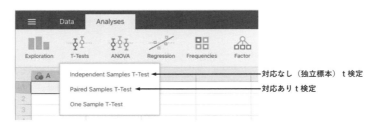

図3.1　t 検定のメニュー

　ここでは，NonCouple と Couple という異なるサンプルデータを分析するため，**Independent
Samples T-Test**（**対応なし t 検定**）を選択する（**図 3.1**）。続いて，選択した画面の変数リストより
→のボタンを押し，**Dependent Variables**（**従属変数**）に **Avg_Similar** を，**Grouping Variable**
（**グループ変数**）に **CoupleStatus** を指定する（**図 3.2**）。さらに，下のメニューにて **Homogeneity
test**（**等質性検定**）にチェックを入れる。jamovi では，分散が等質であるかどうかを調べるために，
ルビーン（Levene）の分散の等質性検定を実施できる。t 検定と等質性の検定結果は同時に出力され
るので，等質性の検定結果に基づいて，分散の等質性を仮定できない場合には，デフォルトで選択さ
れている **Student's**（**スチューデント法**）ではなく，**Welch's**（**ウェルチ法**）に変更する。

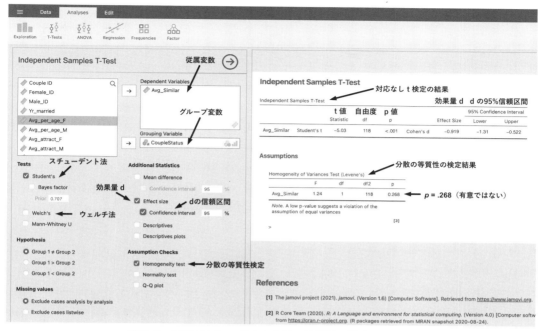

図3.2 対応のない t 検定と分散の等質性の検定の出力結果

　はじめに，検定の前提条件となる **Assumption Checks（前提チェック）** にある **Homogeneity of Variances Test (Levene's)（分散等質性検定（ルビーン検定））** の結果から見ていく。等質性の検定の場合，$p < .05$ であった場合は「分散に差がある」，$p \geqq .05$ であった場合は「分散に差がない」と判断する。今回の p 値は 0.268 なので「分散に差がない」つまり分散の等質性を仮定したスチューデントの t 検定が適合するため，**Student's t（スチューデントのt）** の結果を見る。次に，**Effect size（効果量）** にチェックを入れると，jamovi では，Cohen's d（コーエンの d）が算出される。

　t 値は 5.03，自由度は 118，p 値は $< .001$ と有意な差が得られている。対応のない t 検定の場合，自由度は，各群のデータ数－1 を足して計算するため，今回は（60名－1）＋（60名－1）=118 となる。また，Cohen's d は 0.92 と大きな効果量が得られている。したがって，Couple（カップルの写真を見る）群と NonCouple（非カップルの写真を見る）群は「類似性」において異なる判断をしていることが分かる（$t(118) = 5.03, p < .001, d = 0.92$）。

　では，最後にもう1つ t 検定を行う。基本統計量のところで確認したように「類似性」の平均値は，Couple の方が NonCouple よりもが高い結果が得られていた。もし研究を行う前の時点で理論的に Couple の方が「類似性」が高くなる可能性を説明できるのであれば，Couple の方が得点が高いことを統計的に示す方がよい。このような場合は，Couple の方が「類似性」が高くなるのかどうかを調べる片側 t 検定を実施する。jamovi では，両側検定と片側検定の切り替えは，**Hypothesis（仮説）** のオプション選択で行う。両側検定の場合は **Group1 ≠ Group2（グループ1≠グループ2）** を選び，片側検定の場合，群1と群2のどちらの平均値が大きいと考えるかで，対立仮説の方向が2種類ある（**Group1>Group2，Group1<Group2**）。

　両側検定と片側検定の分析の手順は基本的に同じだが，仮説に応じてオプションの選択を切り替える必要がある。今回のデータの場合 **Hypothesis（仮説）** を **Group1 < Group2（グループ1<グループ2）** に変更する。結果は，両側検定と同じく有意である。なお，t 値，自由度は変わらず，変化するのは p 値のみである。ただし，今回のデータについては，両側でも片側でも p 値が $< .001$ となる

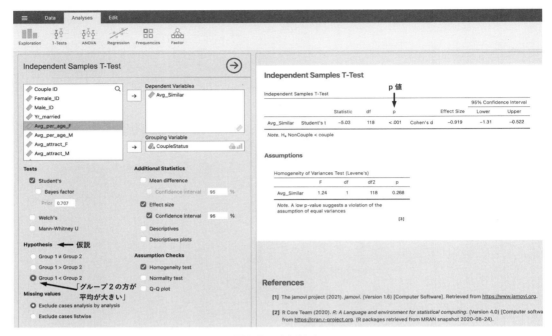

図3.3 片側検定

ため見た目の出力は変わらない。なお，分布の両側を棄却域にするよりも，片側を棄却域にする方が検出力が高くなるため，データによっては両側検定に比べて片側検定の方が p 値が小さくなる。

　さいごに，片側検定が，仮説の時点で差の方向が想定される場合に使用することをもう一度確認したい。Wong et al. (2018) の Experiment 1 は，カップルの方が非カップルよりも顔の類似度が高くなるという先行研究の成果を受け，顔画像からの外在的な手がかりをすべて取り除いた後でも，カップルの顔の類似性が観察されるかどうかを検証することが目的であった。したがって，カップルの方が非カップルよりも顔の類似度が高くなるかどうかという片側検定を実施する必要があり，その分析を行った結果，Couple の方が NonCouple よりも「類似性」が高い（t (118)=5.03, $p < .001$）ことを示せたことになる。このように両側と片側検定は研究仮説に応じて使い分けていく。

3-4　マン・ホイットニーの U 検定

　これまで説明した平均値の比較は，母集団が正規分布に従う間隔尺度や比率尺度に基づく連続データを対象としたパラメトリック検定である。一方，分布の正規性が確認できない順序尺度データについては，ノンパラメトリック検定を用いる。2 つの標本の順位データを比較する場合には，jamovi では，**Independent Samples T-Test**（対応なし t 検定）の **Tests**（検定）カテゴリーにある **Mann-Whitney U**（マン＝ホイットニーの U）を用いる。マン＝ホイットニーの U 検定は，2 つの群を合わせて順位をつけ，各群の順位の総和から検定統計量 U を求める。検定統計量 U は，棄却域に対応する臨界値よりも小さい場合に帰無仮説が棄却される。

第 4 節　対応のある場合の平均値の比較

　次に，実験で比較したい条件 A と条件 B があるときに，すべての参加者が条件 A と B の両方を行うような，対応のある 2 つのデータの平均値を比較する方法を紹介する。ここでは，Takac et al.

(2019) の Table 2 に倣い，人前で話すことへの不安が話す前 (SUDS1_Resting) と話した後 (SUDS1_PS) で変化するのかどうかを主観的不快感尺度 (SUDS) 得点を用いて分析する。なお，本稿では，S1 (Scenario 1) の分析方法を紹介するが，同じ Table 2 にある S2 (Scenario 2) と S3 (Scenario 3) については，それぞれ SUDS2_Restings vs SUDS2_PS，SUDS3_Restings vs SUDS3_PS を使うと分析できるため，S1 と同様に試すとよい。

4-1　使用するデータセットについて

この節で扱う分析では，Takac et al. (2019) の論文で分析されているデータを使って解説する。データは，https://github.com/defoepsych/takachons にある Final_Takac_s3491341_Thesis2017.sav をダウンロードする。これは SPSS のファイル形式であるが jamovi でそのまま開くことができる。

4-2　除外データの処理

Takac et al. (2019) では，22 名の参加者から，タスクが未完了であったり，元々の不安が高い 3 名を除外している。そのため，t 検定に進む前に，この 3 名のデータを除外する処理を行う。除外データの指定は，第 1 章でも紹介されたフィルタ機能を利用する。

Takac et al. (2019) のデータでは，230 列目にある「filter_$」変数で除外するデータを「0」，分析の対象とするデータを「1」として区別している。このデータ列を探し，**Data（データ）** タブを選択する。次に，jamovi では，$ マークを認識しないため，filter_$ の変数名のうち _$ を削除する。filter_$ を右クリックして **Setup（設定）** を選ぶと，変数名を修正できる画面が表示されるため，_$ を削除する（**図 3.4**）。

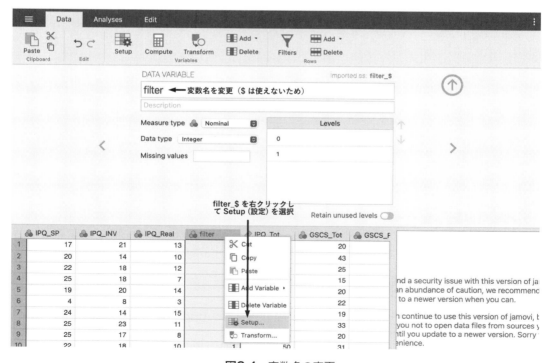

図3.4　変数名の変更

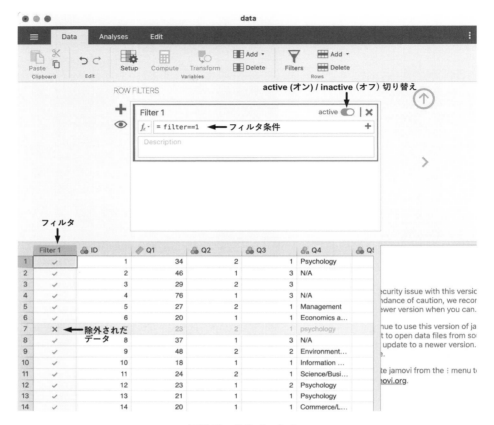

図3.5 条件式の入力

　最後に，第1章に記述されているように，条件式のボックスに filter == 1 と入力する（図3.5）。このとき，filter と 1 の間の等号（=）は2つ連続で入力する。式を入力して確定すると，Filter1 の列に ✓ と表示されているデータは分析対象となるデータ行となり，× と表示されているデータは分析から除外されるデータ行となる。ここでは，filter 列のうち 1 と表示されていた行のみ ✓ がついていることが分かる。そのため，ここからは22名の参加者から3名を除外した19名のデータを分析することになる。なお，フィルタは**図3.5**にあるスライドボタンによって **active（オン）/ inactive（オフ）** の切り替えができるため，必要に応じてフィルタの使用を行わない inactive に切り替えることで，分析対象を加えた分析を行うこともできる。

4-3　t 検定

Analyses タブに戻り，t 検定を行う。これ以降の作業は，前節の除外データの処理を行ったデータを扱うので，除外データが入ったままのデータの場合には本書と同じ結果にはならないため，注意されたい。t 検定には，前節 **3-3** にあるように3種類あるが，ここでは図3.1 を参照し，**Paired Samples T-Test（対応あり t 検定）** を選ぶ。

　3-3 で紹介した対応のない t 検定と違い，対応のある t 検定は，原則として1人につき，2つの測定値が対になっている。そのため，対応のある t 検定では，そのペアを指定することになる。ここでは，変数リストより「SUDS1_Resting」と「SUDS1_PS」の2つを選択し，→のボタンを押し，**Paired Variables（変数ペア）** のボックスに入れる。また，効果量を出力するために，**Additional**

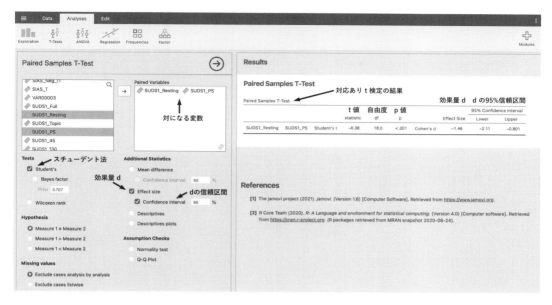

図3.6　対応のある *t* 検定と効果量

Statistics（追加の統計量）より，**Effect size（効果量）**にチェックを入れる。

　結果を見ると，*t* (18) = 6.38，*p* < .001，*d* = 1.46，つまり人前で話す前（SUDS1_Resting）と話した後（SUDS1_PS）では，主観的不快感尺度（SUDS）得点に有意な差が見られることが分かる。なお，効果量が 1.46 と大きいが，これは 2 つのデータの平均値が標準偏差の 1.46 倍離れていることを示しており，2 つのデータの分布の重なりが小さく，平均値の差が大きいことを示している。

4-4　ウィルコクソンの符号順位検定

　対応のある平均値の比較において，順序尺度によるデータを扱いたい場合にはウィルコクソンの符号付順位検定を用いる。jamovi では，**Paired Samples T-Test** の **Tests** カテゴリーにある **Wilcoxon rank（ウィルコクソン順位）**にチェックを付ける。ウィルコクソンの符号順位検定とは，対応のある 2 群（*X*, *Y*）の差 *D*（*D* = $X_i - Y_i$）を求め，*D* のそれぞれについて符号を無視した絶対値の順位付け（R_j）を行った後に，正（*D* > 0）の R_j の合計と負（*D* < 0）の R_j の合計値を求め，小さい方を検定統計量 *W* とする。検定統計量 *W* が棄却域に対応する臨界値よりも小さい場合に帰無仮説が棄却される。

第 5 節　まとめ

　以上，統計的仮説検定と 2 つの平均値の比較について解説した。2 つの平均値の比較は，対応のある場合とない場合，片側検定と両側検定など実験デザインによって適切に選択する必要がある。対応のない場合には，分散の等質性を仮定しないウェルチ検定を視野に入れる必要がある。また，これらの検定の選定は，統計的仮説検定を十分に理解したうえで行うことが望まれる。さらに，こうした検定結果に関しては，*p* 値だけでなく，効果量の Cohen's *d* も考慮しながら結果を解釈することが望まれる。*t* 検定の考え方に関しては，他の参考書も参考にしながら，さらなる理解を深めていただきたい。

引用文献

Cohen, J. (1988). *Statistical power analysis for the behavioral sciences*. Hillsdale, NJ: Lawrence Erlbaum Associates.

Takac, M., Collett, J., Blom, K. J., Conduit, R., Rehm I., & De Foe, A. (2019). Public speaking anxiety decreases within repeated virtual reality training sessions. *PLoS ONE, 14*(5):e0216288. <https://doi.org/10.1371/journal.pone.0216288>

Wong, Y. K., Wong, W. W., Lui, K. F. H. & Wong, A. C. (2018). Revisiting facial resemblance in couples. *PLoS ONE, 13*(1):e0191456. <https://doi.org/10.1371/journal.pone.0191456>

第4章 分散分析

　本章では分散分析の簡単な解説と，分散分析の結果を求める方法と結果を解釈する方法について説明する。分散分析とは，従属変数が持つ分散のうち，要因と呼ぶ独立変数によって説明される分散の大きさと，その他の要素（誤差）によって説明される分散の大きさの比を求め，その比の大きさをもとに独立変数が従属変数に影響を与えている程度を評価する手法である。独立変数には名義尺度，従属変数には間隔尺度以上の尺度水準を用いる。独立変数である要因は複数用意することもでき，要因数が1つのときには1要因の分散分析，2つの要因があるときには2要因の分散分析と呼ぶ。本章の第2節では1要因の分散分析を，第3節では2要因の分散分析について紹介する。分散分析の実施時には，それぞれの水準に割り当てられる参加者がすべて異なっている参加者間要因と，すべての水準にすべての参加者が割り当てられる参加者内要因とを区別することが大切である。本章ではWiseheart et al. (2017) のデータを用いた1要因の分散分析（参加者間）と2要因の分散分析（混合計画）を，Wong et al. (2018) のExperiment 2のデータを用いた1要因の分散分析（参加者内）を紹介する。その中ではjamoviを利用して，分散分析において仮説検定の判断に用いられる統計量としてのF比と，独立変数が従属変数に与える影響の大きさを評価する効果量を算出し，その結果を読み取り結論を導けるようになることを目指す。

　本章 2-1 と 3-3 では，Wiseheart et al.(2017) の Task 1 のデータを取り上げる。また，本章 2-2 では，第2章および第3章で用いた Wong et al.(2018) を再び取り上げるが，2，3章とは異なり Experiment 2 のデータを用いる。

Wiseheart, M. , D'Souza, A. A. , & Chae, J. (2017). Lack of spacing effects during piano learning. *PLoS ONE, 12*(8): e0182986. https://doi.org/10.1371/journal.pone.0182986
使用するデータは https://osf.io/kehv9 にある spacing_piano_data.csv ファイルを用い

Wong, Y. K., Wong, W. W., Lui, K. F. H., & Wong, A. C.-N. (2018). Revisiting facial resemblance in couples. *PLoS ONE, 13*(1):e0191456. https://doi.org/10.1371/journal.pone.0191456
使用するデータは，https://osf.io/UZRNS の Facial_resemblance_shared.xlsx を使う。ダウンロードしたデータの中には複数のシートがあるが，この章では Experiment 2 のデータを使用する。

第 1 節　分散分析とは

1-1　分散分析の特徴

　分散分析とは，分析の手法に名づけられているように，分布が持つ分散に着目して分析する手法である[1]。実験や調査では，一定の基準や性質に従った参加者の分類や，実験者によって操作的に準備された条件を独立変数として用意し，それぞれの条件ごとに測度を測定し従属変数を取得する。このとき，従属変数として得られるそれぞれの値は，個々の条件，そして条件以外のさまざまな要素の影響を受けて定まると考えられる。そこで，得られた従属変数の分布に現れる分散を，参加者の分類に用いた条件や実験者が設けた条件の違いから生まれたものと，それ以外の要素から生まれたものとに分け，その両者の大きさを比較することで，条件の違いが従属変数に与えた影響の大きさを評価する。これが分散分析の基本的な考え方である。

　分散分析では，調査に用いられる参加者の分類や実験で用意された条件のことを水準と呼び，用意された水準を特徴づける基準や性質，すなわち独立変数のことを要因と呼ぶ。また，要因以外の要素に相当するものはひとまとめにし，誤差（または残差）と呼ぶ。分散分析の考え方を水準，要因，誤差の言葉を用いて改めて示すと，水準の違いによって生じた分散の大きさを誤差によって生じた分散の大きさと比較し，実験や調査で注目している要因が従属変数に十分な影響を与えていたか，従属変数に対する効果を持っていたか評価することになる。この要因が持つ従属変数に対する効果のことを要因の主効果と呼ぶ。一般に分散分析は，1 つの要因に 3 つ以上の水準がある場合，あるいは 2 つ以上の要因が設けられている場合に用いる。要因が 1 つで水準が 2 つの場合は，3 章で扱った t 検定を用いる[2]。

　分散分析で重要になる要因の主効果の有無を検討するには，水準の違いによって生じた分散の大きさ，すなわち要因の分散と，それ以外の何かによって生じた誤差の分散の大きさを求めることが必要になる。要因の分散の大きさは，次の式によって求まる。

$$n \sum (\bar{x}_j - \bar{x})^2 / (水準数 - 1)$$

---

　1)　ここで示す「分散」という用語は，厳密には第 2 章で扱われた標本分散や不偏分散とは異なるものを指している。具体的な違いはこの先を読み進めて確認すること。

　2)　要因が 1 つで水準数が 2 つのときに分散分析を行うことは，実際には 2 つの水準の平均値を比較することになる。分散分析でも t 検定でも，分析の結果，得られる有意確率の値は同じになり統計的仮説検定の結論は変わらない。ただし，2 群の平均値の比較では，一般的に t 検定が用いられる。

　具体的には，水準ごとに求めた従属変数の平均値と全平均との差を求め 2 乗したものを足し合わせデータ数で重み付けした値（要因の平方和）を，水準数から 1 を引いた値（自由度）で割ったものが要因の分散にあたる要因の平均平方となる。一方，誤差の分散の大きさは，次の式によって求まる。

$$\sum\sum(x_{ij} - \bar{x}_j)^2 \Big/ \sum(n_j - 1)$$

　具体的には，水準ごとに，その水準に含まれるデータとその水準の平均値との差を求めて 2 乗し，それを足し合わせた値（誤差の平方和）を，水準ごとに各水準のデータ数から 1 を引いた値を足し合わせた数値（自由度）で割ったものが，誤差の分散にあたる誤差の平均平方となる。なお，要因と誤差の平方和を合計した値は全体平方和と呼ばれる。

　得られた要因の平均平方を誤差の平均平方で割り，その比を求める。このようにして求められた比は，F 分布として知られる分布に従うことが分かっているため F 比と呼ばれる。この F 比が統計的に十分に大きければ，要因の主効果が認められ，水準の違いが従属変数に影響を与えていた，と判断することにする。ここまでの一連の数値をまとめたものを分散分析表と呼ぶ（**表 4.1**）。分散分析表では要因に関わる情報と，誤差に関わる情報がそれぞれ示される。この分散分析表に示される，平方和，自由度，平均平方，F 比（F 値）は，統計的仮説検定を用いた判断のために重要な情報となる。それぞれが示す意味は第 2 節以降で述べる。

表4.1　分散分析表

変動因	平方和	自由度	平均平方	F比
要因	SSa	dfa（水準数−1）	MSa	$\frac{MSa}{MSe}$
誤差	SSe	dfe Σ（各水準のデータ数−1）	MSe	

　また，第 3 節で述べる 2 要因の分散分析では，要因の主効果の他に要因間の交互作用という考え方が必要になるが，これは第 3 節で述べる。

1-2　実験計画と参加者間・参加者内要因

　分散分析を進めるときには，事前に立てた実験計画を確認することが重要になる。実験や調査で独立変数として用意された要因および水準の個数がいくつか確認することが欠かせない。また第 3 章でも扱ったように，用意された水準に対応のない場合と対応のある場合があることも意識する。以上の点を留意して，準備した実験計画に相応しい分散分析手法を選択することが必要になる。

　分散分析は要因の数によって，1 要因の分散分析と 2 要因以上の分散分析とに分けられる。実験や調査で独立変数として用意された条件が 1 つの要因としてまとめられ，かつその数が 3 つ以上になった場合は，1 要因の分散分析を用いる。一方，実験や調査で用意された条件が 2 つ以上の要因が組み合わされて作成された場合は，2 要因以上の分散分析を用いる。2 要因の分散分析では，2 つの要因の主効果と交互作用が得られる。本章ではここまでの内容を扱う。3 つ以上の要因について分散分析を行うときもその基本的な考え方は同じである。詳細は章末に挙げる専門的な教科書に当たってほしい。

　それぞれの水準に割り当てられた参加者がすべて異なる対応のない要因の場合，分散分析ではその要因を参加者間要因と呼ぶ。jamovi では，**One-Way ANOVA（1 要因分散分析）** または **ANOVA（分散分析）** を用いる。それに対し，それぞれの水準に同じ参加者を割り当てられているような対応

のある要因の場合，分散分析ではその要因のことを参加者内要因と呼ぶ。参加者内要因を含むときは，反復測定あるいは繰り返しのある，と呼ばれる分散分析手法で行われる。本章ではこれ以降，反復測定の分散分析と呼ぶことにする。jamovi の操作においては **Repeated Measures ANOVA（反復測定分散分析）** を用いる。

　このように，実際に行った実験や調査の目的に沿って立てられた実験計画を確認し，その実験計画に相応しい分散分析の方法を選ぶことを十分に心がけよう。

1-3　F 比と効果量および事後検定

　第 1 節 **1-1** で述べたように，分散分析では独立変数が従属変数に与えている影響の程度，すなわち要因の主効果を，要因の分散と誤差の分散の比（F 比）により評価する，と述べた。この F 比の値を F 分布にあてはめ，その数値の累積確率を用いて，要因の主効果について統計的仮説検定を行うのが分散分析である。

　分散分析では F 比に加え，要因の主効果の大きさを評価する効果量として η^2（イータ 2 乗）という値が使われることが多い。効果量とは，統計的仮説検定に用いられる統計量に含まれるデータ個数の影響を減らし，独立変数が与える影響，すなわち効果の大きさを標準化して判断したり，効果の大きさを比較するための指標として用いられる。データ個数の影響を省くため，η^2（イータ 2 乗）は F 比を求めるときに用いた要因の平均平方和と誤差の平均平方和ではなく，要因の平方和を全体の平方和で割って求める。求めた値から効果の大きさを判断するときには，0：効果なし，.01 〜 .05：効果小，.06 〜 .13：効果中，.14 以上：効果大，という目安を用いる。効果量にはこのほか，2 要因以上の分析において効果に関わる要因を限定して求める η^2_p（偏イータ 2 乗）や，参加者内要因で分散分析を実施するときに参加者それぞれの持つばらつきを考慮した η^2_G（一般化イータ 2 乗），あるいは要因の水準数を考慮した ω^2（オメガ 2 乗）なども使われる。それぞれの違いや使い分けについては，章末に紹介した専門的な教科書にあたってほしい。

　要因に 3 つ以上の水準がある場合，要因の主効果が認められたことは，そのまま水準間で平均値に違いがあることを意味しない。第 3 章で扱った t 検定とは異なり，分散分析では水準の平均値の違いを吟味しているのではなく，要因による影響の大きさを評価しているためである。そこで要因の主効果が認められたときは，どの水準の間に違いがあったのか，すべての水準間で比較する。このように分散分析後に行う分析を事後検定と呼び，そのとき水準同士の平均値を比較することは多重比較と呼ばれる。多重比較の手法には，有意水準の設け方や統計量の求め方に工夫を施した，Bonferroni 法（ボンフェロニ法），Holm 法（ホルム法），Tukey 法（テューキー法）などさまざまな方法が知られている。それぞれの詳細もより専門的な教科書にあたってほしい。

第 2 節　1 要因の分散分析

　本節では分散分析のなかでも要因が 1 つの 1 要因の分散分析を取り上げる。**2-1** では対応のない参加者間要因を扱う分散分析，**2-2** では対応のある参加者内要因を扱う分散分析について，実際の研究に沿って jamovi の操作方法を確認し，同じ分析結果が得られることを確かめる。

2-1　参加者間要因

　本項では，1 要因の分散分析のうち参加者間要因を扱った研究として，Wiseheart et al. (2017) の Task 1 のデータを取り上げる。Wiseheart et al. (2017) の Task 1 では，17 個の音からなる音列をキーボードを使って憶えるとき，2 回の練習までの間の空き時間が長くなるほど音列を正しく再生で

きるようになるか確かめた。Task 1 では，実験参加者は 0 分，1 分，5 分，10 分，15 分のいずれかの空き時間の条件に割り当てられ，この 5 種類の空き時間を水準とする要因を独立変数として用意した。従属変数には，練習終了後に行った「Final test」の成績（間違いなく再生できた音の割合）を採用した。この実験では，100 人の実験参加者が 5 つのいずれかの水準にランダムに割り当てられていた。

参加者間要因の分散分析では，**Analyses** タブの **ANOVA**（**分散分析**）から **ANOVA** を選択する。**ANOVA** メニューには，分析に用いようとするデータの正規性が認められたときに用いる 5 種類の分散分析手法，すなわち **One-Way ANOVA**（**1 要因分散分析**），**ANOVA**（**分散分析**），**Repeated Measures ANOVA**（**反復測定分散分析**），**ANCOVA**（**共分散分析**），**MANCOVA**（**多変量共分散分析**）と，正規性が認められないときに用いる **Non-Parametric**（**ノンパラメトリック**）検定である 2 種類の分析手法（**Kruskal-Wallis**（**クラスカル＝ウォリス**）検定，**Friedman**（**フリードマン**）検定）が紹介されている。共分散分析やノンパラメトリック検定がどのようなものか，についても専門的な書籍にあたってほしい。

参加者間要因の 1 要因の分散分析は，同じ **ANOVA** の **One-Way ANOVA** を用いても実行が可能であるが，後に述べる効果量を得るために **ANOVA** を用いることにする。

分散分析のメニューが開いたら **Dependent Variable**（**従属変数**）のボックスに，この分析で従属変数として用いられる最終テスト成績（pc_final_task1）の列を，**Fixed Factors**（**固定因子**）のボックスに水準が記入された列（lag_task1）を移動し指定する（**図 4.1**）。

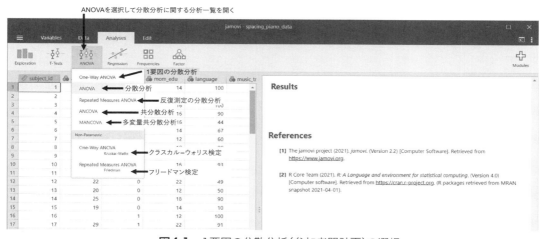

図4.1　1要因の分散分析(参加者間計画)の選択

続く **Effect Size**（**効果量**）の欄では η^2（イータ 2 乗）をチェックする。ただし，Wiseheart et al. (2017) では偏イータ 2 乗を求めているので **Partial η^2**（**偏 η^2**）も求めることにする。

Assumption Checks（**前提チェック**）をクリックして **Homogeneity Test**（**等質性検定**）と **Normality Test**（**正規性検定**）にもチェックを入れる。分散分析は，分析の対象としている各水準の分布の分散が同程度である必要があり，**Homogeneity Test** によりそれを確かめる。さらに分散分析では，各水準の分布が正規分布に従う必要もあるため，**Normality Test** によって確認する。

最後に **Post Hoc Tests**（**事後検定**）を開き，左側のボックスから水準が記入された列である lag_task1 を選び右側のボックスに移すとともに，**Correction**（**修正**）のうち **Bonferroni**（**ボンフェローニ法**）と **Tukey**（**テューキー法**）にチェックを入れ，隣の **Effect Size** の **Cohen's d**（**コーエンの d**）

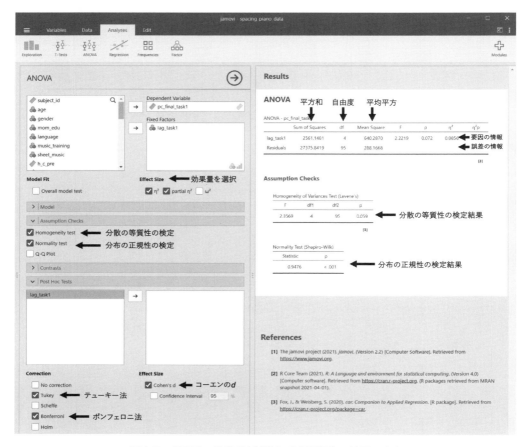

図4.2 1要因の分散分析（参加者間計画）の結果の出力

にもチェックを入れる。以上の操作がすむと結果が表示される（**図4.2**）。

　結果の読み取りは，まず分散分析を行ってよいかどうかの確認から始める（**図4.2**）。上から2番目の **Assumption Checks（前提チェック）** に出力された2つの表 **Homogeneity of Variances Test（分散等質性検定（ルビーン検定））** と **Normality Test（Shapiro-Wilk）（正規性検定（シャピロ＝ウィルク））** に着目する。それぞれの表のp（有意確率）欄の数値が，一般的に用いられる有意水準：.05（5%）よりも大きければ問題はない。けれども，p欄の数値が.05よりも小さいときには注意する。**Homogeneity of Variances Test** によって各水準の分布の分散が等質ではない，と判断された場合は，**ANOVA** ではなく **One-Way ANOVA** を用いて分析を進め，**Welch's（ウェルチの検定）** を実施する。一方，**Normality Test（Shapiro-Wilk）** によって各水準の正規性が認められない場合は，クラスカル＝ウォリス検定というノンパラメトリック検定を用いて分析を進める。

　Wiseheart et al. (2017) の Task 1 のデータでは，分散の等質性に問題はないが，分布の正規性が認められない。けれどもここではこのまま分散分析を進めることにする。

　次に3つの表の一番上，分散分析の結果の読み取りに必要なすべての情報が載っている **ANOVA-pc_final_task1** と示された表を確認する（**図4.2**）。分散分析表の要因名が示された行には要因の主効果に関わる情報が，Residual（誤差/残差）が示された行には誤差に関わる情報が示される。

　ANOVA-pc_final_task1 の表を左から順に見ると，**表4.1** で示したように **Sum of Squares（平方和/2乗和）**，**df（自由度）**，**Mean Square（平均平方/2乗平均）**，**F比** が示される。5番目のpは，

Post Hoc Tests

1つ目の水準　2つ目の水準　　　　　　　　　　　　　　　　　　　　テューキー法の結果
　　　　　　　　　　　　　　　　　　　　　　　　　　　　　　　ボンフェロニ法の結果
Post Hoc Comparisons - lag_task1　　　　　　　　　　　　　　　　　　コーエンの *d*

| | Comparison | | | | | | | |
lag_task1	lag_task1	Mean Difference	SE	df	t	Ptukey	Pbonferroni	Cohen's d
0	- 1	−3.5000	5.3681	95.0000	−0.6520	0.966	1.000	−0.2062
	- 5	−4.4447	5.4383	95.0000	−0.8173	0.925	1.000	−0.2618
	- 10	−10.3500	5.3681	95.0000	−1.9281	0.310	0.568	−0.6097
	- 15	−13.9310	5.3038	95.0000	−2.6266	0.074	0.101	−0.8207
1	- 5	−0.9447	5.4383	95.0000	−0.1737	1.000	1.000	−0.0557
	- 10	−6.8500	5.3681	95.0000	−1.2761	0.706	1.000	−0.4035
	- 15	−10.4310	5.3038	95.0000	−1.9667	0.290	0.521	−0.6145
5	- 10	−5.9053	5.4383	95.0000	−1.0859	0.813	1.000	−0.3479
	- 15	−9.4862	5.3748	95.0000	−1.7649	0.400	0.808	−0.5588
10	- 15	−3.5810	5.3038	95.0000	−0.6752	0.961	1.000	−0.2109

Note. Comparisons are based on estimated marginal means

図4.3　1要因の分散分析表（参加者間計画）の多重比較結果

求められた *F* 比の値が生じる有意確率，最も右側に効果量である η^2（イータ 2 乗）と Partial η^2（偏イータ 2 乗）とが示される。

　今回の結果では，*F* 比が 2.22，*p* の値が 0.072 と示され，有意水準 5% のもとではこの *F* 比の値は統計的に有意ではないが，有意となる傾向にある（*p* < .10）ことを示している。すなわち，練習の空き時間（lag_task1）要因の主効果が有意となる傾向を示している（$F(4, 95) = 2.22, p = .072, \eta^2 = .086$）。また，イータ 2 乗の値は 0.086 が得られ，**1-3** で述べたイータ 2 乗の基準を用いて判断すると，練習の空き時間要因が与えた影響がややあったことが分かる。以上の結果は Wiseheart et al.（2017）で示された結果とほぼ一致する。

　最後に，一番下の **Post Hoc Tests**（**事後検定**）の表に示された多重比較の結果を確認する。要因の主効果が有意になる傾向が見られたため，念のために多重比較を行い，すべての水準の平均値どうしの組み合わせのどこに差異があるか検討する（**図4.3**）。**図4.3** には 1 つ目の水準と 2 つ目の水準の 10 種類の組み合わせが示されている。第 3 章の *t* 検定で扱ったように，*t* 値と P$_{tukey}$（P$_{テューキー}$）または P$_{bonferroni}$（P$_{ボンフェロニ}$）の部分を見ればよい。すべての組み合わせでその違いが有意となるものはなく，平均値が異なる水準の組み合わせはないことが分かる。有意な違いが見られた水準の組み合わせがあった場合は，効果量としての **Cohen's d** も確かめておこう。

　なお，ANOVA では各水準の平均値および標準偏差は表示されないので，別途記述統計量を求めることを忘れないことに留意する。

　以上，Wiseheart et al.（2017）の Task 1 のデータを用いて，練習時間の空き時間が長くなることによって音列を正しく記憶し再生できるようになるかを確かめた。その結果，要因の主効果は有意になる傾向にあったが，練習間に設けた空き時間が長くなることが音列の再生成績を良くする，という明確な証拠は得られなかったことになる。

2-2　参加者内要因

　本項では，1 要因の分散分析のうち参加者内要因を扱った研究として，Wong et al.（2018）のExperiment 2 のデータを取り上げる。この研究では，配偶者の顔が似ているのかどうかを調べている。Experiment 2 では独立変数として，1）実際の配偶者のペア写真（Couple），2）配偶者よりも性格が一致している人とのペア写真（Better-Matched），3）配偶者よりも性格が不一致な人とのペ

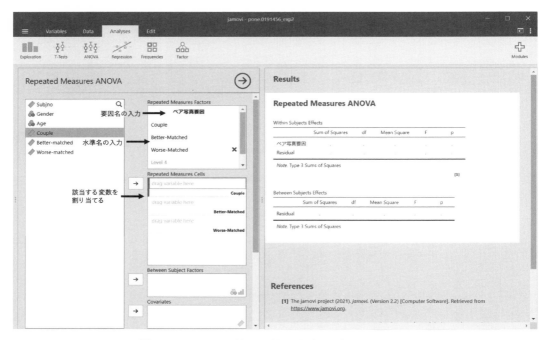

図4.4 1要因の分散分析（参加者内計画）の変数の選択

ア写真（Worse-Matched），の3種類のペア写真を用意し，これらを水準とするペア写真要因を用意した。従属変数は，それぞれのペア写真を，7件法で1：まったく似ていない〜7：兄弟や姉妹のようにとても似ている，として評定させた数値であった。60人の参加者が3つの水準すべてに参加していた。

　参加者間要因の分散分析と同じように **Analyses** タブの **ANOVA** を開き，**Repeated Measures ANOVA**（反復測定分散分析）を選択する。反復測定の分散分析のメニューが開いたら，反復測定要因となったデータを定義するため，**Repeated Measures Factors** の中の **RM Factor 1**（反復測定因子1）のボックスに要因名，その下のボックスに水準名を入れる。要因名と水準名は自由に指定できるので，どの要因，どの水準であるかが分かるようなものにするとよい。ここでは，要因名をペア写真要因，水準名は研究に従って Couple，Better-Matched，Worse-Matched としておく。水準名を入れると反復測定要因を定義するボックスの下にある **Repeated Measures Cells**（反復測定セル）のボックスの中にそれぞれの水準名が示される。それぞれの水準に該当する変数が入っている列を左の一覧から選び，割り当てる（**図4.4**）。

　続いて **Effect Size** の欄では，**Generalised η^2**（一般化 η^2）と **Partial η^2**（偏 η^2）をチェックする。参加者内要因のときには偏イータ2乗の代わりに一般化イータ2乗を効果量として使うことが多いが，ここでは Wong et al. (2018) の報告に合わせるため偏イータ2乗も求める。次に **Assumption Checks**（前提チェック）では **Sphericity tests**（球面性検定）にチェックを入れるとともに，**Sphericity corrections**（球面性補正）の **None**（修正なし）と **Greenhouse-Geisser**（グリーンハウス＝ガイザー）のチェックボックスもオンにする。3水準以上の参加者内要因の分散分析では，複数回測定された2つの測定値間の相関の強さが同程度であり，かつ，どの測定値間の差の分散も等しい，という球面性の仮定が満たされる必要があるため，球面性の検定により確かめる。

　最後に **Post Hoc Tests**（事後検定）を開き，左側のボックスに示された反復測定の要因名を右側のボックスに移すとともに，**Correction**（修正）の **Bonferroni**（ボンフェロニ）と **Holm**（ホルム）

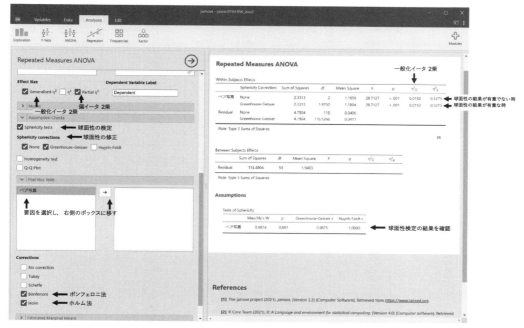

図4.5　1要因の分散分析（参加者内計画）の出力結果

にチェックする。以上の操作がすむと結果が表示される（**図4.5**）。

　まず反復測定の分散分析の前提となる球面性を満たしているか確認する（**図4.5**）。上から3番目の **Tests of Sphericity**（**球面性検定**）の結果を確認し，p の数値が一般的に用いられる有意水準である .05（5%）よりも大きければ問題はない。一番上に示された **Within Subjects Effects**（**参加者内効果**）の表のうち **None**（**なし**）と示された行の結果を確認する。一方，p の数値が .05 よりも小さいときには，**Within Subjects Effects** の表のうち，自由度を調整してそれぞれの結果を求めた **Greenhouse-Geisser**（**グリーンハウス＝ガイザー**）の行を確認することになる。

　次に，4つの表の一番上，分散分析の結果の読み取りに必要なすべての情報が載っている **Within Subjects Effects** の表を確認する（**図4.5**）。**Within Subjects Effects** の要因名が示された行には要因の主効果に関わる情報が，**Residual**（**誤差 / 残差**）が示された行には誤差に関わる情報が示される。それぞれ2行あるうちのどちらを見るかは，**Tests of Sphericity tests** の結果により使い分けるが，今回は p 欄の数値が 0.987 のため **None** の結果を見る。

　Within Subjects Effects の見方は，2-1 で示した参加者間の分散分析とほぼ同様である。**Sum of Squares**（**平方和 / 2乗和**），**df**（**自由度**），**Mean Square**（**平均平方 / 2乗平均**），F 比，p の順に並び，その右側に2つの効果量 **Generalised η^2**（η^2_G）と **Partial η^2**（η^2_p）が示される。

　F 比は 28.71 となり，p の値も < .001 と示されているため，有意水準 0.1% で統計的に有意な F 比が得られたことになる。すなわち，ペア写真要因には統計的に有意な要因の主効果が得られたことを示している（$F(2, 118) = 28.71$, $p < .001$, $\eta^2_G = .02$）。

　この結果は Wong et al.（2018）が示した結果とは異なる。けれどもこちらの数値が正しいと思われる（論文にはこのような誤りが含まれることもある）。

　最後に，一番下の **Post Hoc Tests**（**事後検定**）の表に示された多重比較の結果から，水準の平均値の間に差がある組み合わせはどれか確かめる（**図4.6**）。多重比較の結果，すべての水準どうしの組み合わせ（Couple vs. Better-Matched，Couple vs. Worse-Matched，Better-Matched vs.

Post Hoc Tests

Post Hoc Comparisons - ペア写真要因

1つ目の水準 　　　　2つ目の水準 　　　　　　　　　　　　　　　　ボンフェロニ法の結果

ホルム法の結果

		ペア写真要因	Mean Difference	SE	df	t	Pbonferroni	Pholm
ペア写真要因								
Couple	-	Better-Matched	0.1407	0.0375	59.0000	3.7473	0.001	< .001
	-	Worse-Matched	0.2788	0.0347	59.0000	8.0381	< .001	< .001
Better-Matched	-	Worse-Matched	0.1381	0.0380	59.0000	3.6292	0.002	< .001

図4.6　1要因の分散分析表（参加者内）の多重比較結果

Worse-Matched）で大きな t 値が得られ，有意確率も小さいことが分かる。t 値をもとに考えると，提示された写真の似ている程度が，Couple > Better-Matched > Worse-Matched の順に高かったことが統計的に示される。

　なお，参加者間要因の1要因の分散分析同様，各水準の平均値および標準偏差は表示されないので，別途記述統計量を求める必要がある。

　以上，Wong et al. (2018) の Experiment 2 のデータを用いて，実際の配偶者のペア写真が，実験で用意した他のペア写真よりも似ているのか確かめた。その結果ペア写真の要因の主効果が認められ，実際の夫婦の写真ペア Couple が，性格を一致させたペアや不一致のペアよりも似ていると判定されたという，論文どおりの結果が得られたことになる。

第3節　2要因の分散分析

　2要因以上の分散分析においても，基本的な考え方は1要因の分散分析と同様である。独立変数として用意した要因が従属変数に対して与えている要因の影響を，要因の分散と誤差の分散を比較して評価する，という点は変わらない。しかし，要因が1つから2つ以上に増えることで，要因の主効果に加えて交互作用と呼ばれる，それぞれの要因の組み合わせによって生じる影響についての評価が加わることになる。したがって，2要因の分散分析では，2つの要因の主効果，そして1つの交互作用について検討する。3要因の分散分析になると，3つの要因の主効果，3つの1次の交互作用，1つの2次の交互作用，という非常に複雑な形で，独立変数が従属変数に与えている影響の有無を評価することになる。jamovi の操作や交互作用の読み解き等，詳細な内容については，**3-3　混合計画**で述べる。

3-1　参加者間要因計画

　2つの要因とも参加者間要因である場合の2要因の分散分析を jamovi で行う方法は，**2-1** の参加者間要因の1要因の分散分析と基本的に同じである。**Analyses** タブの **ANOVA** から **ANOVA** を選択する。分散分析のメニューが開いたら，**Dependent Variable** に従属変数を指定し，**Fixed Factors**（**固定因子**）に1つめの要因だけではなく，2つめの要因の水準が割り当てられた列（変数）も指定すればよい。

　効果量の求め方，および分散分析を進める際に必要になる前提をチェックする方法も1要因の場合と同じである。事後検定である多重比較については，1つめの要因，2つめの要因と対応している列（変数）を指定するだけではなく，交互作用を示す「1つ目の要因＊2つ目の要因」も指定することも忘れずに行う。このとき，**Correction**（**修正**）の **Bonferroni** と **Tukey** にチェックを入れ，隣

の **Effect Size**（**効果量**）の **Cohen's d** にもチェックを入れる。以上の操作がすむと結果が表示される。

　分散分析の結果を読み取る手順も 1 要因の参加者間要因と大きく変わらない。まず **Assumption Checks** に出力された 2 つの表 **Homogeneity of Variances Test** と **Normality Test**（**Shapiro-Wilk**）により，各水準の分散の等質性と分布の正規性を確かめる。ただし，それぞれが認められない場合であっても他の分析手法がないため，分散分析の前提が満たされていないという点を留意しながら結果を読み取る場合もある。

　結果の最上部に提示される **ANOVA** と要因を指定した変数名が書かれた表から，分散分析の結果を読み取ることも同様である。表では上から順に，1 つ目の要因の主効果に関わる情報，2 つ目の要因の主効果に関わる情報，交互作用に関わる情報，そして誤差の分散に関わる情報が示される。Sum of Squares, df, Mean Square, F 比, 有意確率, Partial η^2 が示されるのも同様である。

　大きく異なるのは，結果の最後 **Post Hoc Tests**（**事後検定**）に示された多重比較の結果の読み解きである。主効果が有意となったときの要因については，それぞれの要因に対応する多重比較結果を見る。交互作用が有意となったときは，示されているすべての多重比較結果の中から，どの水準同士の比較に注目すべきか吟味し，必要な結果を取り出すことが必要である。詳しくは **3-3** および **3-4** で解説する。

　各水準の平均値および標準偏差は，これまでと同じように分散分析の結果としては表示されないため，別途記述統計量を求める必要がある。

3-2　参加者内要因計画

　2 つの要因とも参加者内要因である場合の 2 要因の分散分析を jamovi で行う方法も，**2-2** で紹介した参加者内要因の 1 要因の分散分析とほとんど同じである。

　Analyses タブの **ANOVA** から **Repeated Measures ANOVA** を選択する。繰り返しのある分散分析のメニューが開いたら，**Repeated Measures Factors** の中の **RM Factor 1** だけではなく 2 要因目の **RM Factor 2**（**反復測定因子 2**）にも要因名を入れ，その下のボックスには各要因の水準名を入れる。要因名，水準名ともに分析を行う研究に沿って適切なものを用意する。水準名を入れると **Repeated Measures Cells** のボックス内にそれぞれの水準名が示されるので，該当する数値が入っている列をそれぞれ移動して指定する。

　効果量の求め方，および分散分析を進める際に必要になる前提のチェックの方法も，1 要因の場合と同じである。事後検定である多重比較も 1 要因の場合と同じように進め，**3-1** と同じように，交互作用を示す 1 つ目の要因 * 2 つ目の要因も指定することも忘れずに行う。

　分散分析結果の読み解きも，1 要因の反復測定の分散分析と同じである。分散分析を行うための前提のチェックを行ったあと，**Within Subjects Effects**（**参加者内効果**）の表を確認する。表では上から順に 1 つ目の要因の主効果に関わる情報，2 つ目の要因の主効果に関わる情報，次いで交互作用に関わる情報，そして誤差に関わる情報の順に示される。2 行あるうちのどちらを見るかは，**Tests of Sphericity** の結果により使い分ける。Sum of Squares, df, Mean Square, F 比, 有意確率, Generalised η^2 と Partial η^2 の 2 つの効果量が示されるのも同様である。

　多重比較の結果の読み解き方は，**3-1** で示した参加者間要因の 2 要因の分散分析と同様である。詳しくは **3-4** で解説する。

　また，これまでと同じく各水準の平均値および標準偏差は表示されないので，別途記述統計量を求める必要がある。

3-3 混合計画

　混合計画とは，参加者間要因と参加者内要因が混在している実験計画を指す。2要因の分散分析では，1つの要因が参加者間要因，もう1つの要因が参加者内要因として用意された実験計画となる。ここでは **2-1** で用いた Wiseheart et al. (2017) の Task 1 のデータの一部を再び用いる。2-1 で確かめたのは，17個の音からなる音列を憶えるとき，練習間の空き時間の違いによって，練習後のテスト成績がどのように異なるかであった。この分析では，最初の音列を聞いた直後のテストと5分間の練習後のテストの成績に違いがあるのかどうか，0分，1分，5分，10分，15分の5種類の練習間の空き時間の影響とともに確かめることにする。すなわち，2回のテストを水準とする訓練要因（参加者内要因）と，5種類の空き時間を水準とする空き時間要因（参加者間要因）を独立変数とし，テストの成績を従属変数とすることになる。

　参加者内要因が1つでも入っている分散分析を jamovi で実施するときは，反復測定の分散分析を選択する。**Analyses** タブの **ANOVA** から **Repeated Measures ANOVA** を選択し，メニューが開いたら **Repeated Measures Factors** の中の **RM Factor 1** に参加者内要因の要因名として「訓練要因」を記入する。参加者内要因として用いられる水準名を研究に従い pc_baseline_task1，pc_post1_task1 とする。この先は参加者内要因の1要因の分散分析と同様に **Repeated Measures**

図4.7　2要因の分散分析（混合計画）の変数の選択

Cells のボックスに該当する変数が入っている列を指定すればよい。次に，**Between Subject Factors**（**参加者間因子**）のボックスに，参加者間要因である「空き時間要因」の水準が記入された列（lag_task1）を移動して指定する（**図4.7**）。効果量に関する操作は参加者内要因の2要因の分散分析と同じようにすればよい。

　Assumption Checks では，**Sphericity tests** と **Sphericity corrections** の **None** と **Greenhouse-Geisser** にチェックを入れる。ただし，参加者内要因の水準が2つの要因の場合は，球面性の仮定が必ず満たされるため **Sphericity tests** を行う必要はない。さらに **Homogeneity**

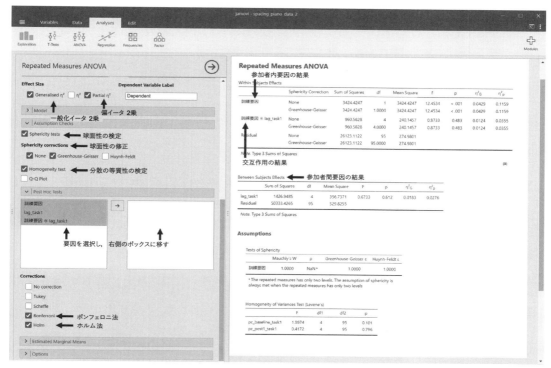

図4.8　2要因の分散分析（混合計画）の出力結果

test にもチェックを入れる。**Post Hoc Tests** の部分も，参加者内要因の 2 要因の分散分析と同じようにチェックする。以上の操作がすむと結果が表示される（**図 4.8**）。

　結果の読み解きは 1 要因の参加者内要因の分散分析とほぼ同じである。まず，分散分析の前提を **Homogeneity of Variances Test** の表で，参加者内要因の水準が 3 つ以上であれば **Test of Sphericity** の表で確認する。

　分散分析表は 2 つ出力されることに注意して分散分析の結果の読み取りを進める（**図 4.8**）。1 つ目の **Within Subjects Effects** の表には，参加者内要因の主効果に関わる情報と交互作用に関わる情報，そして誤差に関わる情報が示される。2 つ目の **Between Subjects Effects**（**参加者間効果**）の表では参加者間要因の主効果に関わる情報と誤差に関わる情報が示される。分散分析表には Sum of Squares, *df*, Mean Square, *F* 比，有意確率，Generalised η^2 と Partial η^2 の 2 つの効果量が示されるのも同様である。

　出力された分散分析表を読み解くと，参加者内要因である「空き時間要因」の *F* 比は 12.45，有意水準 0.1% で統計的に有意な *F* 比が得られている。したがって，空き時間要因には統計的に有意な要因の主効果が認められたことが分かる（$F(1, 95) = 12.45, p < .001, \eta^2_p = .116$）。以上の結果は Wiseheart et al. (2017) が示した結果とほぼ一致する。

　続いて参加者間要因である「訓練要因」の結果を読み解くと，*F* 比は 0.67 となり，「訓練要因」の主効果は統計的に有意でないことが分かる（$F(4, 95) = 0.67, n.s., \eta^2_p = .028$）。この結果は Wiseheart et al. (2017) には示されていないが，練習間の空き時間の長さ（5 水準）が異なることが，従属変数には影響を与えているといえないことを示している。

　最後に，参加者間要因と参加者内要因の交互作用を読み解く。この結果は 1 つ目の **Within Subjects Effects** の表に示されている。*F* 比は 0.873 であり，空き時間要因と訓練要因の交互作用

は統計的に有意ではないことが分かる（$F(4, 95) = 0.87$, *n.s.*, $\eta^2_p = .036$）。この結果も Wiseheart et al. (2017) には示されていないが，2つの要因の組み合わせたときの影響は生じていないことを示している。最後の交互作用が何を表しているか，次の **3-4** で説明する。

3-4　交互作用

　2要因以上の分散分析では，それぞれの要因の主効果に加えて要因間の交互作用について検討を行う必要がある。けれども，要因間の交互作用は明確につかむことが難しい考え方である。簡潔にいうと，統計的に有意な交互作用が認められる，という事実は，一方の要因に設けられた水準ごとに，他方の要因が従属変数に与える影響が異なっている，という状況が生じていることを指す。

　具体的に考えてみよう。1つ目の要因①に水準 X と Y，2つ目の要因②に水準イとロがある2要因の分散分析を行ったとする。このとき，それぞれの条件の平均値は**図4.9**で示す5つのパタンのいずれかとなる。

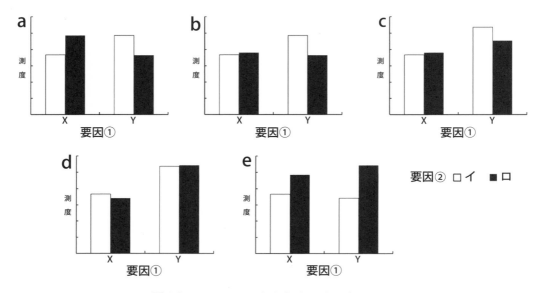

図4.9　2つの要因の各水準が取り得る主なパタン

　交互作用は，このうち次の3つのパタンを示したときに認められることが多い1つめのパタンは，Xにおいてイとロの平均値が「イ＜ロ」となるのに対し，Yでは「イ＞ロ」となるケースである。このとき，イでは X と Y の平均値が「$X < Y$」となるのに対し，ロでは「$X > Y$」となる（**図4.9a**）。

　2つめのパタンは，Xにおいてイとロの平均値がほぼ同程度なのに対し，Yでは「イ＞ロ（またはイ＜ロ）」となるケースである。このときイでは X と Y の平均値が「$X < Y$（または $X > Y$）」なのに対し，ロでは同程度となる（**図4.9b**）。

　3つめのパタンは，Xにおいてイとロの平均値がほぼ同程度なのに対し，Yではイとロの平均値が X よりも高く，さらに「イ＞ロ（またはイ＜ロ）」となっているケースである（**図4.9c**）。このようなときには要因間の交互作用だけではなく，要因①でも統計的に有意な主効果が認められることが多い。

　一方，次の2つのパタンではどちらか一方の要因にのみ有意な主効果が認められ，要因間の交互作用が認められることは少ない。すなわち，X と Y のどちらでもイとロの平均値が同程度であるの

に対し，イでもロでも X と Y の平均値が「$X < Y$（または $X > Y$）」となるパタン（**図 4.9d**，要因
①の主効果が認められやすい），あるいは，X でも Y でもイとロの平均値が「イ<ロ（またはイ>ロ）」
となるのに対し，イでもロでも X と Y の平均値が同程度となるパタンである（**図 4.9e**，要因②の主
効果が認められやすい）。

3-5　2 要因の分散分析の事後検定

1 要因の分散分析で統計的に有意な主効果が認められたときと同じように，2 要因以上の分散分析
でも統計的に有意な要因の主効果や交互作用が認められたときは，水準間の平均値に統計的に有意な
違いがある組み合わせはどれか，事後検定で確かめる。2 要因の分散分析の事後検定は次のように進
める。

統計的に有意な要因の主効果が認められたとき，その要因の水準が 3 つ以上の場合は多重比較を
実施し，水準間の平均値の違いの有無を確かめる。これに対し統計的に有意な要因間の交互作用が認
められたときは，一方の要因の水準ごとに，もう一方の要因の影響を確かめる 1 要因の分散分析を
「単純主効果検定」として実施する。この単純主効果検定で有意な主効果が認められたときは，必要
に応じ多重比較すればよい。jamovi では事後検定として単純主効果検定を行えないため，ここでは
多重比較のみを行うやり方を紹介する。

3-3 の混合計画で扱ったケースで確認しよう。すでに見たように，空き時間要因と訓練要因の交互
作用は統計的に有意ではなかった（$F(4, 95) = 0.87, n.s., \eta^2_p = .036$）。そのため，本来であれ
ば分析はここで終えることになる。しかし，ここでは，要因同士の組み合わせによって現れる影響を
多重比較を行って確かめる方法を確認するため，事後検定の結果を見ることにする。事後検定である
多重比較のやり方は，**3-1** と同じやり方をすればよい。

Post Hoc Tests として 3 つの表が示される。交互作用の結果を確認するには，「訓練要因 *lag_
task1」の表を見る（**図 4.10**）。

まず，空き時間要因の各水準同士の平均値の違いがどの程度か確かめる。訓練要因の最初の水準
pc_baseline_task1 での空き時間要因の各水準（0, 1, 5, 10, 15）の 2 つの水準の組み合わせは 10
種類となる。同じように，訓練要因の 2 番目の水準 **pc_post1_task1** でも空き時間要因の各水準の
組み合わせは計 10 種類である。計 20 種類の組み合わせのどこにも有意な違いが認められない。同
じように，空き時間要因の各水準（0, 1, 5, 10, 15）でも，訓練要因の 2 つの水準，**pc_baseline_
task1** と **pc_post1_task1** の平均値が統計的に異なるかどうか確かめる。こちらもどの組み合わせ
でも有意な違いはない。この表には，他の水準間の組み合わせも掲載されている。どの水準同士の組
み合わせの違いを読み取るか，丁寧に読み解くことを心がけよう。

以上のように，要因間の交互作用が統計的に有意ではなく，比較すべき水準の平均値の組み合わせ
の間にも有意な違いが認められなかった。そのため，空き時間要因と訓練要因の組み合わせがテスト
の成績には影響を与えていないことが確かめられた。実際には，統計的に有意な交互作用が認められ
たときに多重比較結果を確認し，比較すべき水準の平均値の組み合わせに統計的に有意な違いが現れ
るかどうか確認し，どのような独立変数の組み合わせが従属変数にどのような影響を与えたのか読み
解くことになる。

ここまで要因間の交互作用がどのように現れるか，そして交互作用の有無と要因の主効果との関係
を見てきた。2 要因の分散分析の結果として次の 6 つのパタンが出現する。**図 4.9** を参考にしなが
ら，それぞれパタンでどのような図が描けるか是非考えてみよう。

・2 つの要因の主効果と要因間の交互作用すべてが統計的に有意

Post Hoc Tests

Post Hoc Comparisons - 訓練要因

Comparison		Mean Difference	SE	df	t	P$_{bonferroni}$	P$_{holm}$
訓練要因	訓練要因						
pc_baseline_task1 - pc_post1_task1		−8.2799	2.3463	95.0000	−3.5289	< .001	< .001

Post Hoc Comparisons - lag_task1

Comparison		Mean Difference	SE	df	t	P$_{bonferroni}$	P$_{holm}$
lag_task1	lag_task1						
0	- 1	4.8500	5.1470	95.0000	0.9423	1.000	1.000
	- 5	4.4145	5.2143	95.0000	0.8466	1.000	1.000
	- 10	−0.4000	5.1470	95.0000	−0.0777	1.000	1.000
	- 15	6.0536	5.0853	95.0000	1.1904	1.000	1.000
1	- 5	−0.4355	5.2143	95.0000	−0.0835	1.000	1.000
	- 10	−5.2500	5.1470	95.0000	−1.0200	1.000	1.000
	- 15	1.2036	5.0853	95.0000	0.2367	1.000	1.000
5	- 10	−4.8145	5.2143	95.0000	−0.9233	1.000	1.000
	- 15	1.6391	5.1534	95.0000	0.3181	1.000	1.000
10	- 15	6.4536	5.0853	95.0000	1.2691	1.000	1.000

Post Hoc Comparisons - 訓練要因 ✻ lag_task1

Comparison				Mean Difference	SE	df	t	P$_{bonferroni}$	P$_{holm}$
訓練要因	lag_task1	訓練要因	lag_task1						
pc_baseline_task1	0	- pc_baseline_task1	1	6.0000	6.3435	172.6849	0.9458	1.000	1.000
		- pc_baseline_task1	5	6.3000	6.4264	172.6849	0.9803	1.000	1.000
		- pc_baseline_task1	10	−4.2500	6.3435	172.6849	−0.6700	1.000	1.000
		- pc_baseline_task1	15	3.4429	6.2675	172.6849	0.5493	1.000	1.000
		- pc_post1_task1	0	−9.6500	5.2439	95.0000	−1.8402	1.000	1.000
		- pc_post1_task1	1	−5.9500	6.3435	172.6849	−0.9380	1.000	1.000
		- pc_post1_task1	5	−7.1211	6.4264	172.6849	−1.1081	1.000	1.000
		- pc_post1_task1	10	−6.2000	6.3435	172.6849	−0.9774	1.000	1.000
		- pc_post1_task1	15	−0.9857	6.2675	172.6849	−0.1573	1.000	1.000
	1	- pc_baseline_task1	5	0.3000	6.4264	172.6849	0.0467	1.000	1.000
		- pc_baseline_task1	10	−10.2500	6.3435	172.6849	−1.6158	1.000	1.000
		- pc_baseline_task1	15	−2.5571	6.2675	172.6849	−0.4080	1.000	1.000
		- pc_post1_task1	0	−15.6500	6.3435	172.6849	−2.4671	0.657	0.631
		- pc_post1_task1	1	−11.9500	5.2439	95.0000	−2.2789	1.000	1.000
		- pc_post1_task1	5	−13.1211	6.4264	172.6849	−2.0417	1.000	1.000
		- pc_post1_task1	10	−12.2000	6.3435	172.6849	−1.9232	1.000	1.000
		- pc_post1_task1	15	−6.9857	6.2675	172.6849	−1.1146	1.000	1.000
	5	- pc_baseline_task1	10	−10.5500	6.4264	172.6849	−1.6417	1.000	1.000
		- pc_baseline_task1	15	−2.8571	6.3515	172.6849	−0.4498	1.000	1.000
		- pc_post1_task1	0	−15.9500	6.4264	172.6849	−2.4819	0.631	0.631
		- pc_post1_task1	1	−12.2500	6.4264	172.6849	−1.9062	1.000	1.000
		- pc_post1_task1	5	−13.4211	5.3801	95.0000	−2.4946	0.645	0.631
		- pc_post1_task1	10	−12.5000	6.4264	172.6849	−1.9451	1.000	1.000
		- pc_post1_task1	15	−7.2857	6.3515	172.6849	−1.1471	1.000	1.000
	10	- pc_baseline_task1	15	7.6929	6.2675	172.6849	1.2274	1.000	1.000
		- pc_post1_task1	0	−5.4000	6.3435	172.6849	−0.8513	1.000	1.000
		- pc_post1_task1	1	−1.7000	6.3435	172.6849	−0.2680	1.000	1.000
		- pc_post1_task1	5	−2.8711	6.4264	172.6849	−0.4468	1.000	1.000
		- pc_post1_task1	10	−1.9500	5.2439	95.0000	−0.3719	1.000	1.000
		- pc_post1_task1	15	3.2643	6.2675	172.6849	0.5208	1.000	1.000
	15	- pc_post1_task1	0	−13.0929	6.2675	172.6849	−2.0890	1.000	1.000
		- pc_post1_task1	1	−9.3929	6.2675	172.6849	−1.4986	1.000	1.000
		- pc_post1_task1	5	−10.5639	6.3515	172.6849	−1.6632	1.000	1.000
		- pc_post1_task1	10	−9.6429	6.2675	172.6849	−1.5385	1.000	1.000
		- pc_post1_task1	15	−4.4286	5.1175	95.0000	−0.8654	1.000	1.000
pc_post1_task1	0	- pc_post1_task1	1	3.7000	6.3435	172.6849	0.5833	1.000	1.000
		- pc_post1_task1	5	2.5289	6.4264	172.6849	0.3935	1.000	1.000
		- pc_post1_task1	10	3.4500	6.3435	172.6849	0.5439	1.000	1.000
		- pc_post1_task1	15	8.6643	6.2675	172.6849	1.3824	1.000	1.000
	1	- pc_post1_task1	5	−1.1711	6.4264	172.6849	−0.1822	1.000	1.000
		- pc_post1_task1	10	−0.2500	6.3435	172.6849	−0.0394	1.000	1.000
		- pc_post1_task1	15	4.9643	6.2675	172.6849	0.7921	1.000	1.000
	5	- pc_post1_task1	10	0.9211	6.4264	172.6849	0.1433	1.000	1.000
		- pc_post1_task1	15	6.1353	6.3515	172.6849	0.9660	1.000	1.000
	10	- pc_post1_task1	15	5.2143	6.2675	172.6849	0.8319	1.000	1.000

pc_baseline_task1
の単純主効果 →

空き時間要因の単純主効果 →

pc_baseline_task1
の単純主効果 →

空き時間要因の単純主効果 →

pc_baseline_task1
の単純主効果 →

空き時間要因の単純主効果 →

pc_baseline_task1
の単純主効果 →

空き時間要因の単純主効果 →

空き時間要因の単純主効果 →

pc_post1_task1
の単純主効果 →

図4.10 2要因の分散分析表(混合計画)の多重比較結果

・2 つの要因の主効果のみ統計的に有意
・どちらか 1 つの要因の主効果と要因間の交互作用が統計的に有意
・どちらか 1 つの要因の主効果のみが統計的に有意
・要因間の交互作用のみが統計的に有意
・統計的に有意な要因の主効果，要因間の交互作用がない

　分析を行って得られた結果から，独立変数すなわち要因が従属変数に与える影響について丁寧に読み解くことが，2 要因の分散分析では肝要である。

第 4 節　まとめ

　本章では，1 要因の分散分析と 2 要因の分散分析について，それぞれの特徴と分析方法を説明した。分散分析は，実験条件や調査における独立変数が事前に明確に設定できるとき，独立変数の影響を評価するために多く用いられる。独立変数として水準が 3 つ以上用意される実験計画，あるいは要因が 2 つ以上用意される実験計画を立てた場合は，分散分析を用いるようにする。このとき，t 検定と分散分析の使い分け，および 1 要因の分散分析と 2 要因以上の分散分析の違い，参加者内要因と参加者間要因の違い，の 3 点を正しく理解することが重要である。独立変数の配置をよく吟味して，どの分散分析を使うべきか判断できるようになろう。なお，本章で紹介した 2 要因よりも要因数が多い分散分析を行うこともできるが，独立変数の影響の評価は複雑になる。水準や要因を多く設ける必要がある場合は，事前にこれらの手法を解説した教科書等で知識を十分に得てから取り組んでほしい。

引用文献

Wiseheart, M., D'Souza, A. A., & Chae, J. (2017). Lack of spacing effects during piano learning. *PLoS ONE, 12* (8): e0182986. <https://doi.org/10.1371/journal.pone.0182986>

Wong, Y. K., Wong, W. W., Lui, K. F. H., & Wong, A. C.-N. (2018). Revisiting facial resemblance in couples. *PLoS ONE, 13* (1): e0191456. <https://doi.org/10.1371/journal.pone.0191456>

参考図書

　本章では，分散分析の基本的な理解と実際の分析の手順を理解することに重点をおいた。より詳細な分散分析の考え方については下記の図書を参照してほしい。効果量に関する知識は，まえがきで紹介されている図書を参照してさらに理解を深めてほしい。

森　敏昭・吉田　寿夫（編）(1990)．心理学のためのデータ解析テクニカルブック　北大路書房

第5章 連関と度数データの分析

　　本章では度数データの扱い方，比率の差の検定の説明，カイ2乗検定の操作方法とマクネマーの検定の操作方法について説明する。

　　本章で取り扱うカイ2乗検定とマクネマー検定といった分析は，t検定や分散分析などとは異なり，テストの得点やアンケート調査の得点などの平均値の比較を行う分析ではない。取り扱うデータは度数であり，主に名義尺度の分析を行うものである。度数とは人数や頻度を指し，本章で扱うカイ2乗検定やマクネマー検定はそれらの度数データの分布に偏りが見られるのかを明らかにする分析である。

　　本章では第1節で，度数データとは何かを説明し比率の差を検定（独立性の検定）する手法を紹介する。第2節から第4節では，このうちのカイ2乗検定に関する説明を行い，適合度検定と独立性の検定の違いや，カイ2乗検定の際に利用できる効果量である連関係数（クラメールの連関係数，ファイ係数）の説明を行う。また，jamovi を用いて公開されている研究データセットを利用し，独立性の検定の手順を説明する。本章で扱う研究データセットは Geipel, Hadjichristidis, & Sulian (2015) による，道徳ジレンマ課題（歩道橋課題とトロッコ課題）を母国語ではなく，外国語で提示することが参加者の道徳的判断に影響を与えるかどうかを検討した Study1 のデータである。また，比率の差の検定とは異なる，適合度検定の操作手順についても簡単に説明する。また，第5節においては，もうひとつの比率の差の検定であるマクネマー検定を行う場合の jamovi の操作説明を行う。

　　本章では，以下の論文で分析されているデータを使い，jamovi の基本操作について解説する。

Geipel, J., Hadjichristidis, C., & Surian, L. (2015). The foreign language effect on moral judgment: The role of emotions and norms. *PLoS ONE*, 10 (7):e0131529. https://doi.org/10.1371/journal.pone.0131529
使用するデータは，https://doi.org/10.1371/journal.pone.0131529.s001 から入手す

第 1 節　度数データとその分析

1-1　度数データの扱い方

　度数データとは，一般的に質的データと呼ばれる，物事の「数」を指す。質的データとは分類や種類を区別する（例えば血液型は A, B, O, AB 型の 4 つに分類される）ためのデータである。度数データは，4 章までに扱ったデータとは異なり，データを集めただけでは足したり引いたりなどの計算ができない。

　質的データには 2 種類の尺度水準が対応する。まず 1 つ目は，名義尺度である。名義尺度とは性別，血液型などの他のものと区別分類するためだけに使われるラベル（カテゴリともいう）のことである。また，分類したラベルを数値化することはできるが，これらの数値の間隔や大小に意味はない。例えば，「A 型 =1」，「B 型 =2」という数値を割り当てても，1 と 2 の間には血液型（ラベル）が違うということ以外の意味がない。また，この数値の割り当てを他の血液型に変えた（A 型 =1 から O 型 =1 に変更）としても特段問題はなく，割り当てられた数値を使って計算することはできない。2 つ目は，順序尺度である。順序尺度とは学年や満足度，順位のように 1 年，2 年，3 年など分類するためにただ番号を付けたもののことである。この数値の順序，すなわち大小には意味があるが，数値の間隔には意味がない。例えば学年を計算したとしても 3 年は 1 年の 3 倍学年が高いとはならない。ただし，1 年よりも 3 年は学年が高いなどの大小の比較をすることは可能である。

　度数データはこれらの質的データである名義尺度と順序尺度の各ラベルが，データセットの中に現れる数のことを指す。先程の例でいえば，A 型や 1 年の「人数」などで，その他の例でいうとドアを開けた「回数」や「頻度」などが度数データとなる。

1-2　比率の差の検定

　例えば，あなたがとある授業に参加し，その場でアンケートが配布されたとする。そのアンケートには「幽霊は存在すると思いますか？」という質問とともに，「存在する・存在しない」という 2 つの選択肢が記載されている。あなたはどちらかにまるを付けるだろう。

　このアンケートの実施者は，幽霊が存在すると回答した人と，存在しないと回答した人の数が，どちらか一方の回答に偏っているのかいないのかに興味がある。受講者の中で，存在するという回答が多くの割合を示す場合には，幽霊を信じている人が多いことが分かり，一方で幽霊は存在しないという回答者が多い場合には，幽霊を信じていない人が多いということが分かる。こういったことを明らかにしたい場合に，カイ 2 乗検定が利用できる。また，過去の心霊体験の有無によって，このアンケートの回答内容（存在する・存在しない）に偏りがあるかを明らかにしたい場合にも，カイ 2 乗検定が利用できる。

　つまり，何らかの対応していない名義尺度の比率や度数の差を検定する場合にはカイ 2 乗検定を利用することができるのである。カイ 2 乗検定では，カイ 2 乗値を用いて，実際に観測されたデータ（観測値）と理論上取りうる値（期待値）のズレの大きさが基準以上か否かを明らかにする。前述の例はあくまでもカイ 2 乗検定を利用する場合の一例であるが，仕組みだけ聞くとカイ 2 乗検定は

比較的分析しやすい分析であることが分かっていただけたかと思う。

　カイ２乗検定以外の比率の差の検定として，McNemer（マクネマー）検定がある。マクネマー検定も仕組み自体は簡単で，前述の「幽霊は存在すると思いますか？」という質問を，心霊体験実験の前後で同じ人に聞いた場合に，実験によってその人の幽霊が存在する・存在しないという回答内容に変化が起きるのかなど，対応しているデータ間での比率の差を検定したいときに利用できる。

　カイ２乗検定とマクネマー検定の大きな違いは，データが条件間（心霊体験の有無・回答内容・実験の前後）で対応していない（異なる対象者）か，対応している（同じ対象者）かである。

第２節　カイ２乗検定

2-1　適合度検定と独立性の検定

　カイ２乗検定には適合度検定と独立性の検定の２種類の検定方法がある。適合度検定とは，観測値と期待値の分布が一致するか，つまりデータに理論上仮定される分布と比べて偏りがあるか否かを明らかにする検定である。データの偏りとは，前述の例だと幽霊が存在する・存在しない，という２つの回答が同数であるという仮定を置いている場合，実際の回答の分布が同数であるのか，それともどちらか一方に偏っているのかということを指す。適合度の検定の際には，まず研究者自身が仮定する回答の割合を設定し，それを帰無仮説とする。例えば，今回の場合には「どちらの回答数も同じである（回答の割合はどちらも50％）」という帰無仮説を立てる。そのうえで観測値（実際の回答の割合）と期待値（50％）のズレを算出し，回答データに偏りがあるか否かを明らかにするものである。もし検定の結果，回答の割合がどちらも50％（同じ）ではなく分布の偏りがあるのであれば，幽霊が存在すると回答した人の割合と，存在しないと回答した人の割合には偏りがあるという結果を得ることができる。観測値と期待値のズレの大きさを見るためには，χ^2値という値を次の式を使って算出する。

$$\chi^2 = \sum \frac{(観測値 - 期待値)^2}{期待値}$$

　この結果得られたχ^2値が０（ゼロ）であれば観測値と期待値の間のズレはないこととなり，データに偏りがないことになる。先程の例でいうと，χ^2値が０の場合には，幽霊が存在する・存在しないと回答した人の割合はどちらも50％となる。一方で，χ^2値が０より大きくなれば，観測値と期待値のズレは大きくなる。χ^2値が０でなかったとして，観測値と期待値のズレが大きなものなのかを調べるには，χ^2分布を利用する必要がある。χ^2値の詳細な説明やχ^2分布については多くの統計入門書に記載があるため，そちらを参照するのがよいだろう。例えば，まえがきで挙げられている，芝田（2017）などは参考になるだろう。

　もう１つの独立性の検定とは，２つの変数が独立しているか（関連がないか），独立していないか（関連があるか）を明らかにするための検定である。つまり，２つの変数の間に関連があるといえるのかを確かめるための検定といえる。前述の例でいえば，心霊体験の有無（心霊体験変数）によって幽霊が存在する・存在しないという回答（回答変数）の比率に違いがあるかどうかを調べたい場合に利用できる。この検定では，まず「心霊体験の有無と幽霊が存在する・しないの回答内容は互いに独立である（関連がない）」という帰無仮説を立て検定を行う。次に，帰無仮説に沿って，期待度数を算出していく。心霊体験変数と回答変数が独立である（関連がない）場合には，図5.1aのように心霊体験の有無のそれぞれで回答の分布は同程度の度数になり，また，回答内容のそれぞれでの心霊体

幽霊は	心霊体験あり	心霊体験なし
存在する	50	50
存在しない	0	0

a)心霊体験の有無によらず幽霊存在への回答の分布が等しい場合

幽霊は	心霊体験あり	心霊体験なし
存在する	50	0
存在しない	50	0

b)幽霊存在への回答によらず心霊体験の有無の分布が等しい場合

幽霊は	心霊体験あり	心霊体験なし
存在する	50	0
存在しない	0	50

c)心霊体験の有無により幽霊存在への回答の分布に偏りがある場合

図5.1　関連がない度数分布表と関連がある度数分布表の極端な例

験の有無の内訳も同程度の度数になるはずである。このとき，幽霊が存在するかしないかといった「回答」に対し，「心霊体験の有無」は影響しない（2 つの変数は独立している）ということになる。逆に 2 変数が独立でない（関連がある）ならば，**図 5.1c** のような度数分布となり，「心霊体験の有無」が幽霊は存在するか否かの「回答」に対して影響を与えている（2 つの変数は独立していない）ということになる。ここで示した例（**図 5.1**）は，読者が理解しやすいよう極端な数値とした。実際にはこのような極端な数値になることは，ほぼありえないと思ってもらいたい。

　図 5.1a や**図 5.1b** のような結果が得られた場合には，2 つの変数間に関連はないといえる。そのため，幽霊の存在に関する回答に心霊体験の有無は影響を与えていないことが分かる。また，**図 5.1c** のような結果が得られた場合には，2 つの変数間に関連があるといえる。この場合には，心霊体験ありの全員が幽霊は存在すると回答しており，心霊体験なしのすべての人が幽霊は存在しないと回答している。このような例では，心霊体験の有無によって，回答に違いが生じる，つまり心霊体験の有無によって回答内容が影響を受けるといえる。

　カイ 2 乗検定には実施の際に注意すべき点がある。それは期待度数が少ないセルがある場合にはカイ 2 乗値が大きくなりすぎる危険があるという点である。もし期待度数が 5 以下のセルがある，または総度数が少ない（例えば，40 以下）場合，イェーツの連続性の修正やフィッシャーの正確確率検定などの検定を用いることでこの問題を解決できる。

2-2　連関係数

2-1 で独立性の検定では，「心霊体験の有無によって，幽霊が存在する・存在しないと回答した人数に違いが見られるのかどうか」という例を使って説明した。ここまでは，回答の比率の差に着目していたが，ここからは 2 つの名義尺度変数の間の関係の強さに着目していく。名義尺度間の関係を現す言葉として，「連関」という言葉がある。これ以降は，連関という言葉を用いて，変数間の関係の強さについて説明を行う。まず，2 つの変数間に連関があるというのは，**図 5.1c** で提示した関連がある度数分布表のような結果が得られた場合にいえる。2 つの名義尺度変数間の連関があることは分かったが，どの程度連関があるといえるのか。そのような場合に連関係数という指標を用いることができる。

　連関係数にはいくつかの種類があるが，ここでは主要なものとしてファイ（φ）係数とクラメールの連関係数（V）を挙げる。ファイ係数は，心霊体験 " 有り・無し " と幽霊が " 存在する・存在しない " のように，両方の変数がそれぞれ 2 値である際に用いられ，第 6 章で扱うピアソンの積率相関

係数と同様に－1から1の値をとる。この値の絶対値が1に近ければ近いほど，2つの変数の連関が強いということがいえる。クラメールの連関係数は，ファイ係数が2×2のクロス集計表に対してしか計算できないのに対し，それ以外の集計表でも用いることができる連関係数である。前述の例を用いるなら，幽霊が存在すると思うか？の質問に対する回答が存在する，分からない，存在しないといった3種類だったとき，ファイ係数は計算できないが，クラメールの連関係数は求めることができる。クラメールの連関係数の値は0から1の範囲であり，値が1に近ければ近いほど2つの変数の連関が強いということがいえる。

独立性の検定を行った場合に，連関係数を一緒に求めることで変数間の連関の強さを結果に示すことができるため，検定を行う場合には一緒に算出するようにするとよいだろう。また，連関係数はカイ2乗検定における効果量としての側面もある。

第3節　独立性の検定の実際

今回は Geipel et al. (2015) の Study1 のデータを用いてカイ2乗検定の独立性の検定を行う。では実際のデータを用いて分析手順を説明する。jamovi を起動し，データセット（S1_Dataset.sav）を開く。

今回扱う Geipel et al. (2015) の実験では道徳ジレンマ（トロッコ課題と歩道橋課題）を実験参加者たちの母国語（イタリア語）ではなく，外国語（ドイツ語・英語）で提示することが参加者の道徳的判断（功利主義）に影響を与えるかどうかを検討した。功利主義とは，イギリスの哲学者ジェレミー・ベンサムが提唱した，できるだけ多くの人々に最大の幸福をもたらす行為を善とする説である。

分析の手順に入る前に，今回扱うトロッコ課題と歩道橋課題について知らない方もいると思うので，簡単に内容を説明する。内容を知っている人はこの部分を読み飛ばし，**3-1** に進んでもらってかまわない。トロッコ課題とは命の価値や，倫理・道徳観を測る思考実験の1つであり，歩道橋課題はトロッコ課題の派生問題の1つである。

【トロッコ課題】

トロッコが暴走し，止まりません。トロッコの行き先には5人が線路上で作業中です。あなたは，トロッコの行き先を切り替えるレバーの前に立っています。このレバーを引けば，5人を助けることができます。ですが，行き先を切り替えた先の線路には別の1人が作業をしており，その人を轢いてしまいます。レバーを引いて5人を助けることは適切な行為だと思いますか？

【歩道橋課題】

トロッコが暴走し，止まりません。トロッコの進む先には5人が線路上で作業中です。あなたはその様子を歩道橋の上から見ています。あなたの隣には，太った男が1人います。この太った男を歩道橋から突き落とせば，トロッコが確実に止まり5人は助かりそうです。5人を助けるために太った男を突き飛ばすことは適切な行為だと思いますか？

3-1　分析前のデータ加工（欠損値の変換と変数の作成）

Geipel et al. (2015) のデータを用いる際，分析を行う前にデータの加工をする必要がある。まずは最初から入力されている -999 という欠損値を空白のセルに変換する。欠損値とは，測定できなかったデータを指す。例えば，アンケートを行った際，10問中1問だけ空白の回答があれば，空白の項

変換する変数を選択し，Transform をクリック する
using transform から変換規則を指定できる

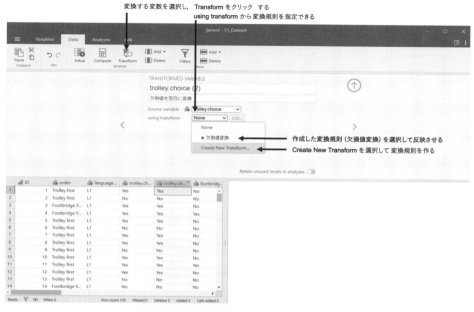

作成した変換規則（欠測値変換）を選択して反映させる
Create New Transform を選択して 変換規則を作る

図5.2 欠損値のTransform

目が欠損値となるが，このデータセットでは-999が欠損を表す値となっている。このままでは，今回の分析を行う際にエラーが発生する原因となるため，-999を空白に変換する必要がある。

　ここではStudy1で使用する変数（**trolley.choice** と **footbridge.choice**）の欠損値のみを変換する。まず **trolley.choice** にカーソルを合わせ，**Date（データ）**タブの **Transform（変換）**を選択する。そして，**Source Variable（変換元の変数）**に欠損値を指定したい変数（**trolley.choice**）が選択されていることを確認する。次に **using transform（使用する変換）**を選択し，**Create New Transform（変換を新規作成）**を選択する（**図5.2**）。そうすると条件式を入力するウィンドウが開くので，**TRANSFORM 1（変換変数）**と書いている場所に変換規則の名前を入力する。**図5.3** の例では，分かりやすくするために欠損値変換という名前としている。最後に **+ Add recode condition（変換条件を追加）**をクリックし，変換規則を入力する。今回は，**図5.3** に示される通

変換規則の名称を入力する

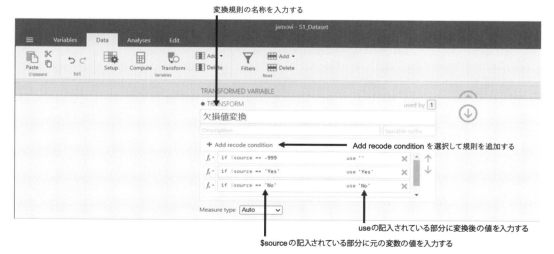

Add recode condition を選択して規則を追加する

useの記入されている部分に変換後の値を入力する
$sourceの記入されている部分に元の変数の値を入力する

図5.3 Transformの規則設定

り，1行目に $source（もとになる変数）に -999 が入っていれば（if $source == -999），use（変換後）に空白（''）が入るように設定する。2行目以降は，Yes があれば，変換後は Yes と入力され，No があれば No と入力されるように指定する。すべてを入力し終えたあとは，**Enter** を押すことで欠損値が空白になった新しい変数（**trolley.choice – 欠損値変換**）が作られる。**footbridge.choice** についても，同様に欠損値を変換するが，**Data（データ）**タブ → **Transform（変換）** → **Source Variable（変換元の変数）**（**footbridge.choice**）→ **using transform（使用する変換）** を選択した後，先程作成した変換規則（欠損値変換）を転用することができる。欠損値変換を選択すると，新しい変数（**footbridge.choice – 欠損値変換**）が作成される。これで2変数の欠損値の変換は完了である。

　Geipel et al. (2015) の Study1 では，⑴言語（母国語・英語）× 各課題への反応（Yes・No）と，⑵言語（母国語・ドイツ語）× 各課題への反応（Yes・No）の2つのカイ2乗検定を行っている。各課題への反応は，トロッコ課題であれば，レバーを引くことは適切だと考える場合は "Yes"，適切ではない場合は "No" となっている。また，歩道橋課題も同様に，男を突き落とすことが適切だと考える場合は "Yes"，適切ではない場合は "No" である。2つの課題のカイ2乗検定を一度に行うことはできないため，2回に分けて検定を行う必要がある。また，今回使用するデータのままでは，母国語（イタリア語）で各課題を提示したときの功利主義を支持した人（Yes と回答した人）の割合と，外国語（英語あるいはドイツ語）で各課題を提示したときの功利主義を支持した人の割合を jamovi で比較することができないため，今あるデータを少々加工する。

　データの加工方法は簡単である。データ内の **language.group** 列のデータを別の列に整理し直すだけである。ダウンロードしたデータのままでは，**L1 Italian** と **L2 English**，**L2 German** の3種類すべてが同じ列（**language.group**）に入力されている。前述した⑴，⑵のカイ2乗検定を行うためには，**L1 Italian** と **L2 English** だけが入力されている列（**language.group – 英語**）と，**L1 Italian** と **L2 German**（**language.group – ドイツ語**）だけが入力されている列を別途作成することが必要になる。**図 5.2** および**図 5.3** の説明と同様の方法で，変換が可能になる。

　今回の場合は，新しく **language.group – 英語**という列を作成し，元々あった **language.group** 列内に **L1 Italian** と入力されている場合には **language.group – 英語**に **L1 I** と入力されるようにする。それと同様に，**language.group** 列内に **L2 English** と入力されている場合には **language.group – 英語**に **L2 E** と入力されるようにしよう。**language.group – ドイツ語**も同じ手順で変換を行う。変則規則の条件式を以下に示す。

　　　if $source == "L1 Italian" use "L1I"
　　　if $source == "L2 English" use "L2E"

　上の規則の1つ目は，元の変数（$source）が "L1 Italian" ならば，新変数では値を L1 I にすること，2つめの規則は，元の変数が "L2English" ならば，L2 E に変換するように定義している。以上でカイ2乗検定を行うためのデータの加工は終了となる。

3-2 分析の実施

　Geipel et al. (2015) はカイ2乗検定を各課題（歩道橋・トロッコ）で3回ずつ計6回行っている。それぞれのカイ2乗検定の内訳は下記のとおりである。なお，Yes, No は，功利主義的行為が適切であると回答したかどうかを表している。

1. 提示言語（母国語・外国語：英語）× 歩道橋（Yes・No）

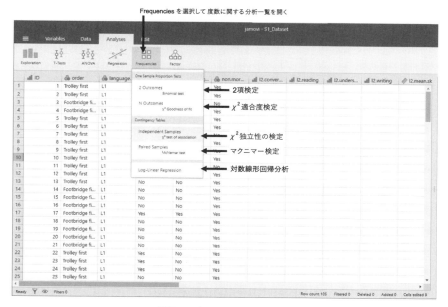

図5.4 度数の分析メニュー

2. 提示言語（母国語・外国語：ドイツ語）× 歩道橋（Yes・No）
3. 提示言語（母国語・外国語）× 歩道橋（Yes・No）
4. 提示言語（母国語・外国語：英語）× トロッコ（Yes・No）
5. 提示言語（母国語・外国語：ドイツ語）× トロッコ（Yes・No）
6. 提示言語（母国語・外国語）× トロッコ（Yes・No）

　今回は上記の 1. を例に分析手順を説明する。**Analyses（分析）**をクリックし，**Frequencies（度数分析）**を選択する。このメニューは，度数に関する分析をまとめたメニューであり，**2 Outcomes / Binomial test（2 値目的変数 / 2 項検定）**や **N Outcomes / χ^2 Goodness of fit（多値目的変数 / χ^2 適合度検定）**，**Independent Samples / χ^2 test of association（対応なし / χ^2 独立性検定）**，**Log-Linear Regression（対数線形回帰）**などを行いたい場合にはこちらから選択する。今回は，独立性の検定のため **Independent Samples / χ^2 test of association（対応なし / χ^2 独立性検定）**を選択して行う（**図 5.4**）。

　分析を選択できたら，**Row（行）**のボックス内に先ほどデータを加工して作った変数 **language.group – 英語**をドラッグあるいは選択して→ボタンをクリックして挿し込む。次に，**Columns（列）**のボックス内へ欠損値を空白にした変数 **footbridge.choice – 欠損値変換**（歩道橋課題における選択）も挿し込む（**図 5.5**）。変数を選択すると，**図 5.5** 右側の結果表示パネルに自動で 2 つの表が作成される。上の表には，提示言語別の適切さ判断の結果がクロス集計表として表示されている。また，データの数が全体で 76 件であることを読み取ることができる。

　下段の表（**χ^2 Test**）内には，カイ 2 乗検定の結果として，χ^2 値，自由度（df），p 値，データの個数（N）が記載されている。今回の分析では，$\chi^2 = 8.79$, $df = 1$, $N = 76$, $p = .003$ で，提示した言語（母国語か英語か）によって，Yes か No かの回答が有意に異なる（回答に偏りがある）ことが分かる。

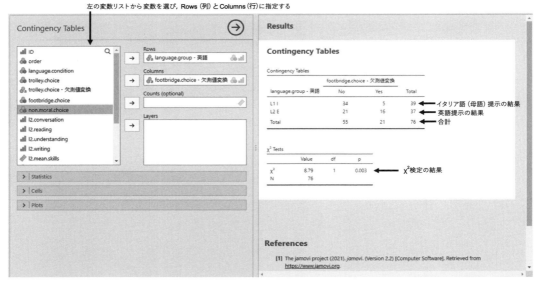

図5.5 独立性の検定分析画面

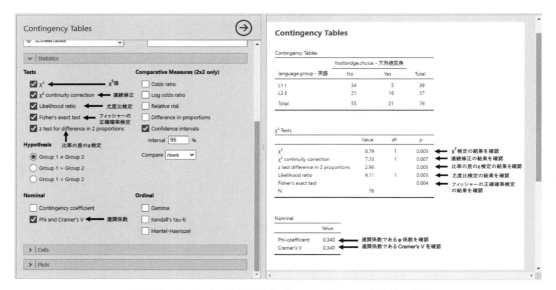

図5.6 Statistic（統計量）オプションのメニューと結果の表示

　クロス集計表は，あとから必要な情報を追加することができる。まず，**Statistics（統計量）**オプション内の下部にある **Nominal（名義尺度）**内の **Phi and Cramer's V（ファイ係数とクラメールのV）**にチェックを入れる（**図 5.6**）。そうすると，先程自動で生成された表のさらに下に，新しい表（**Nominal**）が追加で表示される。これにより連関係数を求めることができる。今回の分析で用いたようなそれぞれの2つずつのカテゴリーから構成される2行 × 2列のクロス集計の場合には，ファイ係数およびクラメールの V の両方を求めることができるが，それ以外の集計表の場合は，クラメールの V を用いる。

　Geipel et al. (2015) の論文では，歩道橋課題において英語で課題を提示された人の 43.2% が Yes と回答し，カイ2乗検定の結果は χ^2 (1, $N = 76$) = 8.79, p = .003, ϕ = .34 であると記載されてい

る。これまで行ってきた分析手順から，この結果を導き出すことができる。

　ここでは詳細は省くが，母国語（イタリア語）で歩道橋課題を提示した際には Yes の回答者の割合は 12.8％であり，外国語（ドイツ語）で歩道橋課題を提示した場合の Yes の回答者の割合は 35.7％であった。これらの結果から見ると，今回の分析で取り扱った外国語（英語）で歩道橋課題を提示した場合に，功利主義的な反応（Yes を選択すること）を示す割合が増加したことが分かった。なぜこのような研究結果になったのか，考察に興味がある人は，ぜひ論文を読んでみてほしい。

3-3　分析画面のオプションメニュー

　カイ 2 乗検定のオプションメニューには Statistics（統計量），Cell（セル），Plot（グラフ）があり，これらのオプションメニュー内の必要な箇所にチェックを入れるとチェックを付けたオプションに応じた結果を得ることができる。

　Statistics（統計量）オプションでは主に分析方法の選択が可能で，比率の差の検定手法やカイ 2 乗検定に用いられる検定統計量であるカイ 2 乗値，前述した連関係数などの設定を変更する際に利用する。カイ 2 乗値には，複数の求め方がある（図 5.6）。一般的な求め方の他に尤度比と呼ばれるものを用いてカイ 2 乗値を求めたい場合には，左側のボックスの下部の Tests（検定）欄の Likelihood ratio（尤度比）を選択すると尤度比検定を行った結果が示される。2 行 ×2 列のクロス集計の場合は，Tests（検定）欄の χ^2 continuity correction（連続性の修正），そして Fisher's exact test（フィッシャーの正確確率検定）を選択できる。これらのボックスにチェックを入れると，対応した結果を得ることができる。Fisher's exact test では，直接的に確率を計算する。そのため，検定統計量は算出されない。この他に，比率の差について z 検定を行いたい場合には，z test for difference in 2 proportions（比率の差の z 検定）が利用できる。

　Cell（セル）オプションでは，分析結果のクロス集計表の各セルに表示させる情報を変更することができる（図 5.7）。デフォルトの設定だと，Observed counts（観測度数）はチェックが付いているが，Expected counts（期待度数）にはチェックが付いていないため，必要があれば，Counts（度数）内の Expected counts にもチェックを入れるとよい。また，観測度数と期待度数それぞれの比率もデフォルトの設定では表示されないため，必要であれば Percentages（パーセント）内

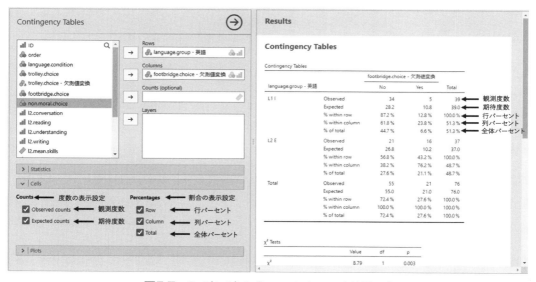

図5.7　Cell(セル)オプションのメニューと結果の表示

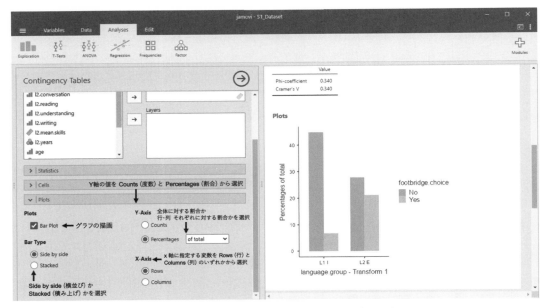

図5.8 Plot（グラフ）オプションのメニューと結果の表示

の **Row（行）**，**Column（列）**，**Total（全体）** で表示したい情報にチェックを入れるとよいだろう。
Row（行） では，L1 Iの中（39人中）で，Yesと回答した人（34人）とNoと回答した人（5人）
の観測度数（人数）の割合を示している。一方，**Column（列）** では，L1 IとL2 Eの人を合わせた
55人中，Yesと回答した人（L1 Iは34人，L2 Eは21人）とNoと回答した人（L1 Iは5人，L2
Eは16人）の観測度数の割合を示している。**Total（全体）** では，L1 IとL2 Eそれぞれの観測度数
の総数（L1 Iは39人，L2 Eは37人）が，全体（76人中）の何割かを示している。

　Plot（グラフ） オプションでは図を作成することができる。こちらも自分の作成したい図の形式を
選択する場合にチェックを入れるとよい（**図5.8**）。**図5.8** では，**Side by side（横並び）** とした棒
グラフを，Y（縦）軸を **Percentages（パーセント）** として作図している。

第4節　適合度検定

　次に，適合度検定の操作手順を簡単に説明する。説明には Geipel et al. (2015) のデータを用い
る。ただし，Geipel et al. (2015) の研究では適合度検定を行っていないため，今回はデータを利用
しての操作方法の説明のみ行う。適合度検定を行う場合には，**Frequencies（度数分析）** から **N
Outcomes χ^2 Goodness of fit（多値目的変数 χ^2 適合度検定）** を選択する（**図5.4**）。

　分析画面が表示されたら，**Variable（変数）** のボックスに比較したい名義尺度を挿入する。今回
は **trolley.choice- 欠損値変換**（トロッコ課題の回答内容）を挿入する。観測値の度数および割合が
Proportions（比率）の表に示される。画面右下の **χ^2 Goodness of fit（χ^2 適合度検定）** の表内に，
カイ2乗値と自由度（*df*），*p* 値が表示される（**図5.9**）。ただし，このままでは観測度数のみの表示
となるため，観測度数と期待度数のズレを見たい場合は，必要に応じて **Expected counts（期待度
数）** にチェックを入れ，期待度数が表示されるようにする（**図5.9**）。

　また，**Expected Proportions（期待比率）** オプションをクリックすることで，期待比率を自分で
設定することもできる。これまで説明してきたのは，YesとNoの選択がどちらも50%であるとい

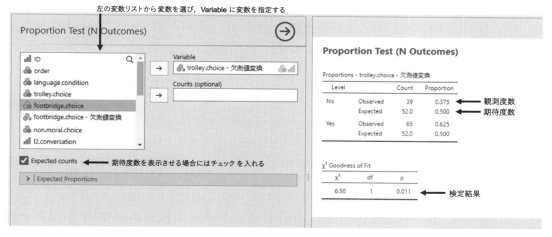

図5.9 適合度検定の分析メニュー

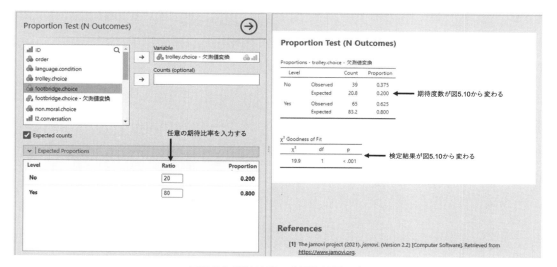

図5.10 期待比率の変更と結果の表示

う帰無仮説を立てた場合であった。もし，Yes が 80%，No が 20% であるという帰無仮説を立てた場合には，**Expected Proportions（期待比率）**オプションを開き，期待比率を入力する（**図 5.10**）。これにより入力した値に沿った結果を得ることができる。期待比率を自分で入力した場合には，操作をしなかった場合とは，期待度数やカイ 2 乗値の結果が異なる。

以上が適合度検定の簡単な操作説明である。

第 5 節　マクネマー検定

　マクネマー検定は，2 つの条件に対応がある場合の比率の差を検定するものである。前述したカイ 2 乗検定は，心霊体験の有無によって，幽霊が存在する・存在しないと回答した人数に違いがみられるのかどうかを検討するときに利用できた。これに対しマクネマー検定は，心霊体験を疑似体験する実験の前後で，幽霊が存在する・存在しないと回答した人数に違いがみられるかどうかを検討するな

ど，データに対応がある場合に行われる。大きな違いは，カイ２乗検定では心霊体験ありの人と心霊体験なしの人という異なる人々の回答を比較しているが，マクネマー検定では実験の前と実験の後という２つの条件下での個人内での回答を比較している点である。ただし，マクネマー検定では，３つ以上の条件の検定を行うことはできない。３条件以上で対応のあるデータに違いがあるか否かを検討する場合には，Cochran's Q（コクランの Q）検定を利用できるが，本章では詳細を割愛する。

　それではマクネマー検定の操作方法を簡単に説明する。ここでは架空のデータを用い，操作方法と結果のみを示す。この架空データは，大学図書館を利用したか（Yes），利用しなかった（No）かの調査を８月と 10 月に行ったという想定で作成されたデータである。マクネマー検定を行う場合には，**Frequencies（度数分析）**から **Paired Samples McNemar test（対応ありマクネマー検定）**を選択する（**図 5.4**）。

　マクネマー検定の分析の設定は，独立性の検定とほぼ同じである。自分が分析したい名義尺度を **Rows（行）**ボックスと **Columns（列）**ボックスに挿入する。図では **Row（行）**ボックスに大学図書館を利用したかの質問である Q1 を，**Columns（列）**ボックスに調査月である month を挿入し，回答した月ごとによる回答内容の違いを比較している。これにより，結果が右画面に表示される（**図5.11**）。

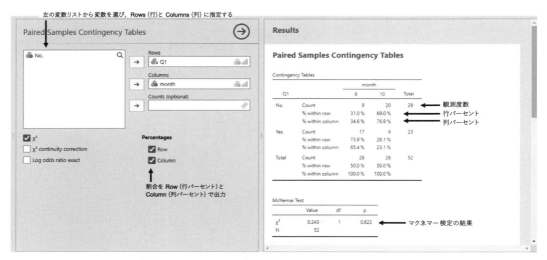

図5.11　マクネマー検定の分析メニューと結果の表示

　マクネマー検定も独立性の検定と同様に，それぞれの回答内容の比率を表示することができる。比率を表示したいときは**図 5.11** のように **Percentages** の **Rows（行）**（大学図書館を利用したか）と **Columns（列）**（調査月）にチェックを入れる。自分の比較したい比率が何かを考え，必要な箇所にチェックを入れるとよい。また，結果の画面右下の **McNemar test（マクネマー検定）**の表内に，カイ２乗値と自由度（df，p 値が表示される。マクネマー検定の結果はここから読み取ることができる。今回の手順を説明する際に扱ったデータ例では，p 値が 0.62 のため回答した月（８月と 10 月）による回答内容には有意な差は見られず，回答した月によって回答内容に違いが見られなかったことを示している。

1）　データはサポートサイトから入手してほしい。

第 6 節　まとめ

　本章では，カイ 2 乗検定とマクネマー検定を行う際の jamovi の操作方法について説明した。今回 Geipel et al. (2015) の研究のうち，1 つの分析のみを取り扱ったが，実際には彼らは 6 回の分析を行っているため，カイ 2 乗検定（独立性の検定）について理解を深めたい場合には，自分で 6 回分の分析を試み，結果が同じとなるかどうかを確認してみるとよいだろう。

　本章では，度数データを用いた比率に関する検定として，独立性の検定，適合度の検定，マクネマー検定と 3 種類の検定を説明したが，これらの検定の操作方法は基本的には類似しているので，混乱は少ないだろう。ただ，自身の行いたい分析にどの手法を利用できるのか，また示された結果をどのように読み取るのかについては，事前に心理統計に関する書籍を見て理解を深めておく必要がある。

引用文献

Geipel J., Hadjichristidis C., & Surian L. (2015). The foreign language effect on moral judgment: The role of emotions and norms. *PLoS ONE, 10* (7):e0131529.<https://doi.org/10.1371/journal.pone.0131529>

芝田 征司 (2017). 数学が苦手でもわかる心理統計法入門――基礎から多変量解析まで―― サイエンス社

第6章 相　関

　本章では各種相関係数の簡単な解説と算出方法および散布図の出力について説明する。相関係数は2変数の関係を要約するのに簡便な方法であるため，利用される頻度も高い。jamovi でも簡単に算出できるため，本章を参考にしながら，いろいろなデータで相関係数の算出や散布図の作成をしてみてほしい。
　この章では第2章と同様に，以下の論文で分析されているデータを使って jamovi による相関の分析方法を解説する。

Wong, Y. K., Wong, W. W., Lui, K. F., & Wong, A. C. N. (2018). Revisiting facial resemblance in couples. *PLoS ONE*, *13*(1):e0191456.
データは https://osf.io/UZRNS の Facial_resemblance_shared.xlsx から，第2章，第3章と同様に Experiment 1 のデータを利用する。データの準備については第1章を参照してほしい。

第1節　相関とは

1-1　相関関係と散布図

　相関関係とは，一般的にある変数Aとある変数Bの間に一方が増減すれば他方も増減する傾向が見られる状態を言う。ある変数Aが大きい値をとるとき，変数Bも大きい値をとるという場合や，ある変数Aが大きい値をとるとき，変数Bは小さい値をとるという場合に変数Aと変数Bは相関関係にあるということになる。前者は正の相関関係，後者は負の相関関係と表現できる。本章で扱う相関係数はこの関係を正負の符号（＋，－）と0から1の値の大きさによって表したものである。相関係数は－1〜＋1の間の値をとり，1または－1に近いほど変数同士の関係が強いが，0の場合は変数同士に相関関係はなく，無相関となる。相関係数を用いることで，ある変数同士の関連性の度合い

を数値によって簡便に把握できる。相関係数の値は変数の単位によらず－ 1 ～＋ 1 の間をとるため，比較が容易である。

　ただし，相関関係にある変数同士に必ずしも因果関係があるとは限らない。変数 A と変数 B に共通する原因となる変数 C がある場合，変数 C の増減につれて変数 A と変数 B が同時に変化することになる。このとき，変数 A と変数 B の間には，見かけ上相関関係が観察される。このような相関関係を特に擬似相関と言うこともある。また，相関関係は因果関係の方向を示すものではない。つまり，変数 A と変数 B に相関関係があったとしても，変数 A が変数 B の増加や減少を促しているとは断定できない。変数 B が変数 A の増減に影響していることも考えられる。このような点からも，相関関係の解釈には注意を要することが分かる。

　同じく相関係数を扱う際の留意点として，変数同士の関係が相関係数に適切に反映されないことが挙げられる。特に注意を要する例として，ここでは以下の 2 点を挙げる。第 1 にデータに外れ値がある場合である。平均値を用いて相関係数を算出するピアソンの積率相関係数では，他のデータとかけ離れた外れ値がある場合は，その外れ値の存在により，相関係数の値が大多数のデータが示す傾向とは異なる歪んだ値になることがある。そのため，外れ値があることによって，データ全体の傾向をつかめなくなる恐れがある。第 2 に曲線的な関係がある場合である。相関係数は一般に，変数同士の直線的な関係を数値に表し，変数 A の増加に伴い変数 B が増加する，または減少するという関係を表すことができる。しかし，変数 A の増加によって変数 B が増加するものの，あるところまで変数 A が増加するとそれ以後は変数 B が減少に転じるといった，曲線で表現される増減の傾向は相関係数で表すことはできない。このように，変数間には相関係数には表れない関係が生じている可能性もあるため，相関係数のみによって変数の関係を判断するのではなく，散布図を作成することが推奨される。

　散布図とは，2 つの変数の値をそれぞれ縦軸と横軸にとり，2 次元上に布置した図であり，変数の相関関係を視覚的に把握するために用いられる。散布図を用いて変数同士の関係を確認することで，前述した外れ値による問題や曲線的な関係が生じているかどうかを把握できる。

1-2　散布図の作成

　jamovi では散布図を容易に作成できる。本章では第 2 章と同様に Wong et al. (2018) の Experiment 1 の分析をなぞる。なお，Wong et al. (2018) の Experiment 1 では散布図を記載していないが，ここでは Experiment 1 のデータを用いて散布図を作成する。この実験では顔の類似性と知覚された年齢差の相関，顔の類似性と知覚された性格の違いの相関が分析されている。ここではそれらの散布図を作成する。

　まず，第 1 章の解説に従い，jamovi で Experiment 1 のデータセットを開く（データの入手方法は第 2 章を参照）。次に **Analyses（分析）** タブの **Regression（回帰分析）** から **Correlation Matrix（相関行列）** を選択する（**図 6.1**）。**Regression** のメニューでは，相関関係の分析や回帰分析，ロジスティック回帰分析などを実行できる。本章では **Correlation Matrix**，**Partial Correlation（偏相関）** を利用し，第 7 章で **Linear Regression（線形回帰）** を利用する。**Logistic Regression（ロジスティック回帰）** のメニューとしては **2 Outcomes Binomial（2 値目的変数 / 2 項ロジスティック回帰）** と **N Outcomes Binomial（多値目的変数 / 多項ロジスティック回帰）** と **Ordinal Outcomes（順序目的変数 / 順序ロジスティック回帰）** が用意されている。

　Correlation Matrix を選択すると，散布図の作成・相関係数の算出のための分析画面が開くので，変数名の並ぶボックスから Avg_Similar（顔の類似性）と Dif_per_age（知覚された年齢差）を選択して右側のボックスに移す（**図 6.2**）。この時点で相関係数が算出されるが，相関係数の算出方

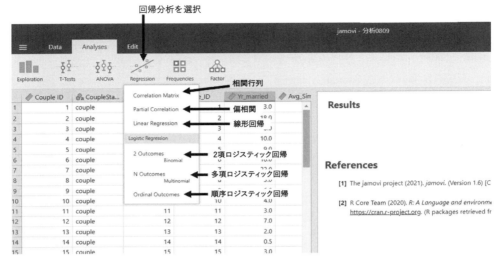

図6.1 Regression（回帰分析）メニューの分析一覧

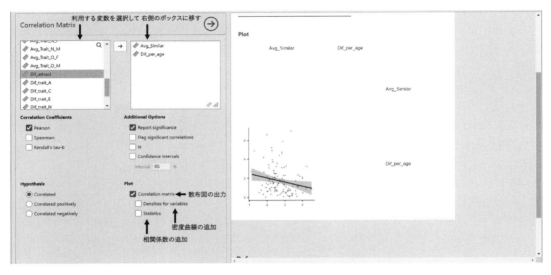

図6.2 jamoviによる散布図の作成

法と関連するオプションの選択については後述する。ここでは分析メニューの右下に表示されている **Plot（グラフ）** を操作する。**Plot** 内の **Correlation matrix** にチェックを入れると，散布図が作成される（**図 6.2** 右）。jamovi で作成する散布図には，回帰直線とその標準誤差が合わせて作図される。回帰直線については第 7 章 1 節にて取り上げる。

　次に，上記の説明にそって，Avg_Similar（顔の類似性）と RMSPersonalityDiff（知覚された性格の違い）の散布図を作成する。さきほどと同様に Avg_Similar（顔の類似性）と RMSPersonalityDiff（知覚された性格の違い）を選択して右側の空欄に移し，**Plot** 内の **Correlation matrix** にチェックを入れてみよう。

　なお，散布図のオプションとして，**Densities for variables（変数の密度曲線）** と **Statistics（統計量）** を選べる。**Densities for variables** にチェックを入れれば各変数の密度曲線を図示することができる。密度曲線および確率密度関数については，南風原（2002）や豊田（2012）などを参照して

もらいたい。**Statistics** にチェックを入れれば，相関係数の値と有意かどうかが図に加えられる。

ここでは2つの散布図を作成した。散布図を作ることで2変数の関係を視覚的に確認できる。ただし，散布図を見ても相関の強さはイメージしにくいかもしれない。そこで，2変数の関係を数値によって要約する相関係数が役立つ。変数同士の関係を捉えるうえで，数値として把握できる相関係数と散布図とは相互に補完的に働く。

1-3 相関係数の種類

相関係数にはいくつかの種類がある。jamovi では，ピアソンの積率相関係数，スピアマンの順位相関係数，ケンドールの順位相関係数を算出できる。まず積率相関係数と順位相関係数では扱う変数の尺度水準が異なる。ピアソンの積率相関係数は，相関係数を算出する両方の変数とも間隔尺度以上である必要があるが，スピアマンの順位相関係数とケンドールの順位相関係数では，相関係数を算出する両方の変数が順序尺度であればよい。また，間隔尺度以上の変数も順序尺度と見なすことで，順位相関係数は計算できる。順位相関係数は各変数の値の大小関係をもとに計算されているためである。

ピアソンの積率相関係数は2つの変数の共分散（各変数の平均値から個別の値がどれだけズレているかの積を計算したもの）を2つの変数の標準偏差で除することで算出される。第1の変数を x，第2の変数を y としたとき，具体的には以下のような計算式をとる。

$$相関係数\ r = \frac{\left(x の平均値 - x の値\right) \times \left(y の平均値 - y の値\right)\ を合計したもの}{x の標準偏差 \times y の標準偏差}$$

つまり，各 x, y のペアについて，x の値が平均値より大きいときに y の値も平均値よりも大きければ分子にある偏差の積は正の値になり，逆に x の値が平均値より大きいときに y の値が平均値よりも小さければ偏差の積は負の値になる。これにより，データ全体として，偏差の積が正となる組み合わせが多ければ相関係数は正に，偏差の積が負となる組み合わせが多ければ相関係数は負の値をとることになる。偏差の積の合計のみで相関関係を表現しようとすると，単位などによりその値の範囲が変わってしまうため，標準偏差で除することにより補正する。

ピアソンの積率相関係数は2つの変数が直線的な関係をとる場合に利用できるが，曲線的な関係や外れ値がある場合には2つの変数の類似度を示すことができなくなる点に注意が必要である。順位相関係数は値の大小関係をもとに2つの変数の関係を算出するため，指数関数的な曲線関係や外れ値の影響を受けにくい。jamovi ではスピアマンの方法とケンドールの方法の2種類の順位相関係数を算出できる。スピアマンの順位相関係数は，先に2つの変数のそれぞれの値に順位を付け，その順位をもとにピアソンの積率相関係数と同じ計算方法を用いて相関係数を算出する。ケンドールの順位相関係数は2つの変数のペア（変数 x_1, y_1 と変数 x_2, y_2）の値同士に対して $(x_1 - x_2) \times (y_1 - y_2)$ が正ならば＋1，負ならば－1の値を与え，その個数をもとに相関係数を算出する。スピアマンとケンドールの順位相関係数の使い分けに明確な基準はない。ただし，それぞれが異なる方法で順位相関係数を算出するので，混在させて報告するのは望ましくないであろう。詳しくは山内（1998）や，吉田（1998）などを参照してほしい。

最後に，偏相関係数について紹介する。偏相関係数は2つの変数の変動に対して，共通の原因となるような第3の変数がある場合に，その第3の変数の影響を取り除いた2変数の関係を算出するものである。2つの変数が類似した変動を見せるのにもかかわらず，その変数同士に直接の因果関係が考えられない場合，擬似相関の疑いがある。例えば，アイスの売り上げとビールの売り上げの相関

係数を算出した場合，これらには高い相関係数が示されるであろう。しかし，この結果をもって，「アイスを買うときには合わせてビールが買われる」と結論づけるのは早い。アイスとビールは合わせて買われているのではなく，どちらも気温が高くなるほど売上高が増加すると考えた方が自然ではないだろうか。この場合，第3の変数として気温が考えられ，アイスの売り上げとビールの売り上げの両方に影響しているといえる。このとき，偏相関係数では気温とアイス，気温とビールの相関を取り除いたうえでのアイスとビールの相関係数を算出することができる。jamoviではピアソン，スピアマン，ケンドールのそれぞれの方法で偏相関係数を算出することができる。

第2節　相関係数の算出

2-1　ピアソンの積率相関係数の算出

本節ではjamoviを操作して各相関係数の算出を試みる。まずピアソンの積率相関係数を算出する。散布図の作成時と同様にWong et al. (2018) のExperiment 1の分析をなぞり，顔の類似性と知覚された年齢差の相関，顔の類似性と知覚された性格の違いについて，ピアソンの積率相関係数を算出しよう。

散布図を作成したときと同様に，Avg_Similar（顔の類似性）とDif_per_age（知覚された年齢差）とRMSPersonalityDiff（知覚された性格の違い）を選択して右側のボックスに移す（図6.3左）。これにより選択した変数同士の相関係数が計算され，右側の画面に結果が出力される（図6.3右）。Wong et al. (2018) と同様に，Avg_SimilarとDif_per_ageの**Pearson's r**（ピアソンの相関係数）は−0.207，**p-value**（p値）は0.023であり，Avg_SimilarとRMSPersonalityDiffの相関係数は−0.194，p値は0.034である。Wong et al. (2018) では $r = -.207, p = .023, r = -.194, p = .034$ と記載されている。ピアソンの積率相関係数は r で表される。相関係数は理論的な最大値が1

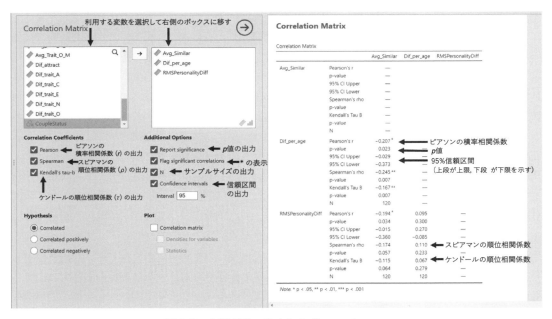

図6.3　相関係数の算出とオプションメニュー

であり，1 を超えない数値の場合の整数 1 桁目の 0 は省略されるためこの表記になる。

　次に，相関のオプションメニューについて説明する。相関のオプションメニューには左上から順に **Correlation Coefficients**（相関係数），**Additional Options**（追加オプション），**Hypothesis**（仮説），**Plot** の 4 つがある。**Plot** については散布図の項で既に説明したので，ここでは残る 3 つのオプションメニューについて説明する。

　Correlation Coefficients は算出する相関係数の種類を選択できる。**Pearson**（ピアソンの相関係数）以外に，**Spearman**（スピアマンの順位相関係数）と **Kendall's tau-b**（ケンドールの順位相関係数）を選択できる。スピアマンの順位相関係数とケンドールの順位相関係数については後述する。

　Additional Options では **Report significance**（有意性を報告），**Flag significant correlations**（有意な相関に印），**N**，**Confidence intervals**（信頼区間）が選べる。初期状態では **Report significance** にチェックが入っている。**Report significance** が選択されていると，結果の出力に p 値が算出される。これは初期状態で選択されているため，**図 6.3** でも p 値が出力されている。**Flag significant correlations** を選択すると，有意な相関係数の右肩に * が付く。5% 水準の場合は *，1% 水準の場合は **，0.1% 水準の場合には *** となる。ここでは Avg_Similar と Dif_per_age の相関係数も，Avg_Similar と RMSPersonalityDiff の相関係数も 5% 水準で有意であるため，* が 1 つ付くことになる。**N** は相関係数の計算に使われたデータの数を表す。**N** にチェックを入れると，今回の例では 120 名のデータが使われたことが分かる。**Confidence intervals** を選択すると信頼区間を算出できる。信頼区間の幅は 50 〜 99% の間で任意に設定できる（**図 6.3**）。

　Hypothesis オプションでは相関の検定に関する設定を変更できる。**Correlated**（相関あり），**Correlated positively**（正の相関あり），**Correlated negatively**（負の相関あり）から 1 つを選択する。初期値は **Correlated** であり，帰無仮説に無相関であることを仮定する。帰無仮説に無相関であることに加えて「負の値／正の値であること」を仮定したい場合（片側検定を行いたい場合）には，それぞれ **Correlated positively**，**Correlated negatively** を選択する。両側と片側の選択は，事前に明確な方向性をもった仮説を立てられるかどうかによる。明確な方向性をもった仮説がない場合には **Correlated** を選択する。心理学では多くの場合，両側検定を行う。

2-2　スピアマンの順位相関係数とケンドールの順位相関係数の算出

　Correlation Coefficients オプションで，算出する相関係数の種類を選択できる。jamovi ではピアソンの積率相関係数の他にスピアマンの順位相関係数（ρ）とケンドールの順位相関係数（τ）を算出できる。**Correlation Coefficients** の中から **Spearman** を選択すればスピアマンの順位相関係数が，**Kendall's tau-b** を選択すればケンドールの順位相関係数を出力できる。

　2-1 と同様に Avg_Similar と Dif_per_age，Avg_Similar と RMSPersonalityDiff についてそれぞれの順位相関係数を算出してみる。Avg_Similar と Dif_per_age については，スピアマンの順位相関係数（ρ）が − 0.245（$p = .007$），ケンドールの順位相関係数（τ）が − 0.167（$p = .007$）である。Avg_Similar と RMSPersonalityDiff については，$\rho = -.174$（$p = .057$），$\tau = -.115$（$p = .064$）である（**図 6.3**）。

2-3　偏相関係数の算出

　最後に，偏相関係数の算出を試みる。偏相関係数の算出には 3 つの変数が必要になる。これまでと同様に Wong et al. (2018) の Experiment 1 から，Avg_Similar と Dif_per_age に対して，RMSPersonalityDiff からの影響を統制した偏相関係数の算出を行う。

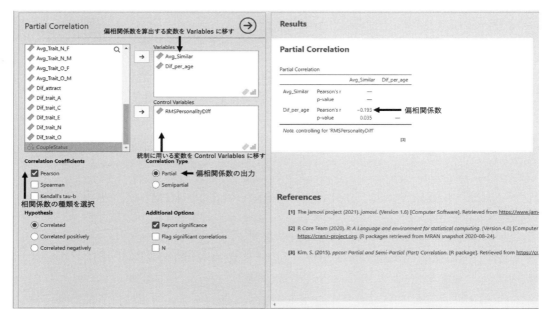

図6.4 偏相関係数の算出

　偏相関係数を算出するためには **Analyses** タブの **Regression** から **Partial Correlation**（**偏相関**）を選択する。2 変数の相関係数を求める **Correlation Matrix** のときとは異なり，変数の選択先のボックスが 2 つに増えている。**Variables**（**変数**）のボックスには偏相関係数を算出したい 2 変数を入れる。ここでは Avg_Similar と Dif_per_age である。**Control Variables**（**統制変数**）のボックスには影響を統制したい変数を入れる。ここでは RMSPersonalityDiff である。これにより Avg_Similar と Dif_per_age の偏相関係数が算出される。ピアソンの積率相関係数について偏相関係数を算出した場合，RMSPersonalityDiff を統制した Avg_Similar と Dif_per_age の偏相関係数は－ 0.193 である（$r_p = -.193, p = .035$）（**図 6.4**）。

　オプションメニューは **Correlation Coefficients**（**相関係数**），**Correlation Type**（**相関のタイプ**），**Hypothesis**（**仮説**），**Additional Options**（**追加オプション**）の 4 つがあり，**Correlation Type** を除いた **Correlation Coefficients**，**Hypothesis**，**Additional Options** の 3 つは 2 変数の相関係数の場合と同じである。**Correlation Type** では **Partial**（**偏相関**）か **Semipartial**（**部分相関**）かを選べる。**Partial** は偏相関係数であり，偏相関係数を算出したい 2 変数の両方から第 3 の変数の影響を統制した相関係数が算出される。一方で，**Semipartial** は部分相関係数と言われ，第 3 の変数から偏相関係数を算出したい 2 変数のうち，片方への影響のみを統制した相関係数を算出する。上記の例で **Correlation Type** を **Semipartial** に変更すると，部分相関係数が出力される。部分相関係数では Avg_Similar と Dif_per_age について，いずれかの変数のみ RMSPersonalityDiff の影響を統制している。そのために部分相関係数の出力結果ではそれぞれに相関係数が表示される。列に記載されている変数から第 3 の変数の影響が取り除かれるため，RMSPersonalityDiff から Dif_per_age への影響が統制された Avg_Similar との部分相関係数は右上に表示されている－ 0.190 となる。左下に表示されている相関係数 － 0.193 は RMSPersonalityDiff から Avg_Similar への影響が統制された Dif_per_age との部分相関係数である（**図 6.5**）。

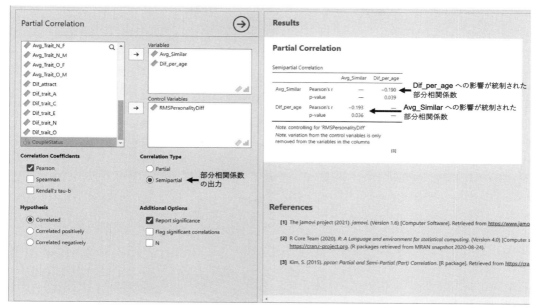

図6.5　部分相関係数の算出

第 3 節　まとめ

　以上，さまざまな相関係数と算出方法について解説した。相関係数は 2 変数の関係を係数という単純な形で示すことができるが，適用されるべき尺度水準の違いや第 3 の変数の存在など，活用には注意を要する。特に因果関係の有無（擬似相関の可能性）や方向の解釈は慎重にされるべきである。相関の検定による有意か否かのみにとらわれず，相関係数の大きさや信頼区間，正負の符号，散布図，第 3 の変数の介在がないかなど，複数の観点から結果を解釈する必要がある。

引用文献
南風原 朝和（2002）. 心理統計学の基礎――統合的理解のために――　有斐閣
豊田 秀樹（2012）. 回帰分析入門――Rで学ぶ最新データ解析――　東京図書
Wong, Y. K., Wong, W. W., Lui, K. F., & Wong, A. C. N. (2018). Revisiting facial resemblance in couples. *PLoS ONE, 13*(1):e0191456. <https://doi.org/10.1371/journal.pone.0191456>
山内 光哉（1998）. 心理・教育のための統計法［第 2 版］　サイエンス社
吉田 寿夫（1998）. 本当にわかりやすいすごく大切なことが書いてあるごく初歩の統計の本　北大路書房

参考図書
　本章では紙幅の制限から相関に関する詳細な説明を省略した。各種相関係数の算出方法などについては以下の書籍を参考に学習してほしい。
　山内 光哉（1998）. 心理・教育のための統計法［第 2 版］　サイエンス社

回帰分析・重回帰分析

第**7**章

本章では回帰分析の簡単な解説と，回帰分析の結果を算出する方法について説明する。回帰分析では独立変数を説明変数または予測変数と呼び，従属変数を目的変数または基準変数と呼ぶこともある。回帰分析は一方の変数によってもう一方の変数の変動を説明できるかどうかを分析する手法である。ここでは，説明に使う独立変数を説明変数，それによって説明される従属変数を目的変数という名前で呼ぶことにする。回帰分析では原則として両者ともに間隔尺度以上の尺度水準の変数が用いられる。さらに，回帰分析では複数の説明変数を扱うこともでき，説明変数が１つのときには単回帰分析，２つ以上のときには重回帰分析と異なった名称で呼ばれることがあるが，数学的には同じ分析である。本章の第２節では単回帰分析と重回帰分析それぞれの分析方法を紹介する。回帰分析では，主に回帰係数（偏回帰係数）と，決定係数に注目する。本章では Wong et al. (2018) の Experiment 1 のデータを用いて回帰分析を実行し，jamovi を利用して回帰分析ができるようになることを目指す。

この章では第２章と同様に，以下の論文で分析されているデータを使って jamovi による回帰分析の方法を解説する。

Wong, Y. K., Wong, W. W., Lui, K. F., & Wong, A. C. N. (2018). Revisiting facial resemblance in couples. *PLoS ONE*, 13(1):e0191456.
データは https://osf.io/UZRNS の Facial_resemblance_shared.xlsx から，第２章，第３章と同様に Experiment 1 のデータを利用する。データの準備については第１章を参照してほしい。

第 1 節　回帰分析

1-1　回帰分析とは

　回帰分析とは，一方の変数 X の増減によって，もう一方の変数 Y の増減を予測する関係について分析する手法である。相関係数と同様に間隔尺度以上の尺度水準に対して用いられる分析手法であるが，相関係数と異なるのは回帰分析では両者の関係に方向性が想定されている点である。つまり，変数 X の値は変数 Y の値を予測することに用いられるという関係がある。このとき，変数 X を説明変数，変数 Y を目的変数と呼ぶ。

　説明変数 X の変動によって目的変数 Y の値を予測するということは，$Y = \alpha + \beta X$ という式で表せる。目的変数 Y の値を予測するためには，説明変数 X の値と傾き β，切片 α の値が必要になる。回帰分析は説明変数 X が 0 のときの値である切片 α と，説明変数 X が 1 単位上昇するごとに目的変数 Y がどの程度上昇するかを示す傾き β を求める作業であるといえる。この傾き β を回帰係数と呼ぶ。回帰係数が大きいほど，説明変数 X の変動によって目的変数 Y の値も大きく変化することになる。回帰係数は正負いずれの符号も取りうる。つまり回帰係数が負の値であれば，説明変数 X が上昇するごとに目的変数 Y は値が小さくなっているという傾向にあることが分かる。

　回帰分析から得られた予測式（回帰式）を X, Y の座標軸上に直線として表現したものが回帰直線である。第 6 章の**図 6.2** の散布図には回帰直線も描画されている。ここから分かるように，回帰直線の上にすべてのデータが重なるわけではない。回帰直線は個々のデータからの距離が最小となるように決められた直線であるため，実際のデータと必ず一致するとは限らない。第 6 章の**図 6.2** で回帰直線の周囲に網掛けで示されている部分は信頼区間である。予測した値と実際に測定された値との間の誤差は小さいほど，目的変数 Y を予測する式としては精度が優れていることになる。回帰直線の全体としての予測精度を表した値が決定係数であり，R^2 で表す。決定係数は 0 ～ 1 の間の値を取り，この値が 1 に近いほど，回帰分析によって得た回帰式の精度が高いことを示す。決定係数は以下の式で表されるように，目的変数の分散（平方和）に占める予測値の分散（平方和）の割合と言える。

$$決定係数 (R^2) = \frac{予測値の平方和}{目的変数の平方和}$$

　回帰係数も決定係数も有意かどうかを検定できる。帰無仮説はどちらも「値が 0 であること」である。そのため，回帰分析において検定結果が有意であるということは，回帰係数もしくは決定係数がそれぞれ，0 ではないということを示す。有意であるからといって，説明変数が目的変数の変動に大きく影響を与えているとも，予測の精度が高いともいえない点に注意が必要である。回帰係数の検定には t 検定を，決定係数の検定には F 検定を用いる。

　回帰係数の検定においては，帰無仮説を回帰係数が 0 であるとして以下の式で t 値が算出される。この式の自由度はサンプル数から 1 を引き，さらに説明変数の数を引いた値になる。つまり説明変数の数が 1 つになれば $n - 1 - 1$ ということで $n - 2$ になる。そのため，回帰係数の検定における t 値は β（回帰係数）が大きいほど，またサンプル数 が多いほど，大きな値になりやすいことが分かる。

$$t 値 = \frac{\beta の推定値}{\sqrt{誤差の平方和/(自由度 \times 要因の平方和)}}$$

　また，決定係数の検定においては，すべての説明変数の回帰係数が 0 という帰無仮説をおき，以下の式で F 値が算出される。ここで自由度 1 は説明変数の数となり，自由度 2 はサンプル数から 1

を引き，さらに説明変数の数を引いた値になる。分散分析と同様に，予測値の平方和と誤差の平方和の比から F 検定が行われることが分かる。

$$F値 = \frac{予測値の平方和 / 自由度_1}{誤差の平方和 / 自由度_2}$$

1-2　単回帰分析と重回帰分析

　前述のような1つの説明変数と1つの目的変数の関係を分析する手法は特に単回帰分析と言われる。ただし，回帰分析は説明変数に複数の変数を指定できる。複数の説明変数により1つの目的変数を予測しようという分析を重回帰分析と言う。単回帰分析も重回帰分析も目的変数を予測するという点では同じである。回帰式を並べてみると以下のようになる。

　　単回帰式: $\hat{y} = \alpha + \beta x$
　　重回帰式: $\hat{y} = \alpha + \beta_1 x_1 + \beta_2 x_2 + \cdots\cdots + \beta_j x_j$

　単回帰式と重回帰式のどちらも目的変数の予測値（$\hat{y}$）を求める式になっており，切片（α）は，説明変数が0のときの予測値であることも共通している。なお，y の上に付いている記号 ^（ハット）は予測値であることを表している。上下の式で異なるのは，単回帰式では説明変数（x）が1つであるのに対して，重回帰式では説明変数（x）が複数あり，それぞれに1，2，$\cdots j$ の番号が振られている。この式が表しているのは，説明変数が複数あり，それは任意の j 個であること，複数の説明変数のそれぞれに対して回帰係数（β）が求められること，という重回帰分析の特徴である。重回帰分析における個々の変数の回帰係数は，偏回帰係数と呼ばれる。偏回帰係数が表すのは，その他の説明変数の影響を除いたときの回帰係数である。重回帰分析では，一度の分析で複数の説明変数と目的変数との関連について検証できる。

　しかし，回帰係数にせよ，偏回帰係数にせよ，その値の大きさが単位に依存する点に注意が必要である。先に説明したとおり，（偏）回帰係数は説明変数1単位当たりの目的変数の変動を表している。そのため，例えば身長を説明変数とし体重を目的変数としたときに，身長を cm 単位で表すのか m 単位で表すのかによって同じデータを用いたとしても回帰係数や偏回帰係数は異なる値になってしまう。これでは異なる指標の説明力を比較するのに不便である。特に重回帰分析の場合には，複数の説明変数を利用するので，よりこの問題が顕著であろう。例えば，体重を目的変数としたときに，身長，摂取カロリー，運動量などを説明変数として投入する例を考えてみよう。それぞれの説明変数の中で，最も体重を予測できる変数を探ろうとしても，当然それぞれの単位は同一ではないため，偏回帰係数を直接比較できないことになる。そこで，標準化したデータに対して回帰係数や偏回帰係数を算出する。標準化された回帰係数および偏回帰係数の値は単位によらず−1から1の間をとるように変換されるため，標準化回帰係数・標準化偏回帰係数を用いることで，単位の違う説明変数間で係数を比較することが容易になる。

　目的変数の予測にあたって，個別の説明変数を一つ一つ比較するとは限らない。複数の説明変数に対して，一部を先に分析しその説明力を統制したうえで他の変数の説明力を分析することもできる。この方法を階層的重回帰分析と言う。階層的重回帰分析は，任意の説明変数を回帰式に加えたときに，加える前よりも予測の精度が上がるかどうかを調べる。階層的重回帰分析では，予め何らかの仮説に基づき説明変数をグループに分ける。分けたグループに対して以下の手順で分析する。まず第

1のグループを説明変数として重回帰分析を行う（ステップ1）。次に，第1のグループと第2のグループを説明変数として重回帰分析を行う（ステップ2）。このとき，第2のグループを説明変数として加えることにより，目的変数を予測する精度が上がっているならば，決定係数（R^2）の値が増加することになる。決定係数（R^2）の増加量によって，ステップ2以降で加えた説明変数のグループの効果を判断する。ステップによる説明変数の追加は，説明変数のグループの数だけ行われる。このように重回帰分析では，1つの目的変数に対して，各説明変数それぞれの効果（偏回帰係数）と，複数の説明変数や説明変数全体による効果（決定係数）が調べられる。階層的重回帰分析では目的変数を予測するうえで，優先される変数があるときにそれを先のステップで事前に投入し，この効果を統制したうえで任意の変数の効果を検証したいときに用いる。階層的でない強制投入の重回帰分析では，投入する変数群全体による目的変数の予測を試みているという点がそれぞれ異なる。

　なお，重回帰分析を行うときには多重共線性に注意する必要がある。多重共線性とは，重回帰分析に含まれる説明変数同士が強い相関関係を持っている状態である。多重共線性が生じると，正しく偏回帰係数を算出することができなくなる。そのため，重回帰分析の説明変数には相互の相関が強い説明変数を同時に組み込むべきではない。多重共線性の指標としては分散拡大係数（Variance Inflation Factor, VIF）が用いられることが多い。VIFの値が10以上であるとき，多重共線性の問題が生じていると判断される。VIFの値が大きいときには相関の強い変数を取り除く，または変数を合成した指標を作成するなど，説明変数の見直しをした方がよい。

　以上が単回帰分析および重回帰分析の説明であるが，分析方法や各数値の算出方法などの詳細については，豊田（2012）などを参照してほしい。

第2節　回帰分析の実践

2-1　単回帰分析

　本節ではjamoviによる回帰分析の方法を説明する。ここでは第2章と同じく，Wong et al. (2018) のExperiment 1の分析をなぞる。Experiment 1ではAvg_Similar（顔の類似性）を目的変数とし，Dif_per_age（知覚された年齢差）とRMSPersonalityDiff（知覚された性格の違い）を説明変数とする階層的重回帰分析を行っている。しかし，ここでは，重回帰分析の操作説明はひとまずおいておき，まずはこれらの変数を用いて単回帰分析を実行してみよう。

　これまでの章と同じように，まずjamoviを起動しデータを開く。回帰分析を行うためには，**Analyses**（**分析**）タブの**Regression**（**回帰分析**）から**Linear Regression**（**線形回帰**）を選択する（第6章**図6.1**）。回帰分析の分析メニューが開くので変数リストからAvg_Similarを**Dependent Variable**（**従属変数**）のボックスに移す。次に，説明変数を選択する。ここでは単回帰分析を実行するため，Dif_per_ageのみを説明変数に選択してみる。jamoviでは説明変数を入れるボックスが**Covariates**（**共変量**）と**Factors**（**因子**）の2つある。説明変数に指定したい変数の尺度水準が間隔尺度以上の場合は**Covariates**のボックスにその変数を選択する。各変数を選択すると，右側の画面に結果が出力される（**図7.1**）。

　出力される結果は，主に説明変数全体と目的変数の関係（これをモデルと言う）の評価とモデルに含まれる各係数である。モデル全体の評価は**Model Fit Measures**（**モデル適合度指標**）に表示され，各係数は**Model Coefficients**（**モデル係数**）に表示される。初期状態（**図7.1**右）ではモデルの評価として決定係数（R^2）が算出されている（$R^2 = .043$）。この結果から，Avg_Similarの変動を，Dif_per_ageは0.043，つまり4%ほど説明していることが分かる。言い換えれば残りの96%

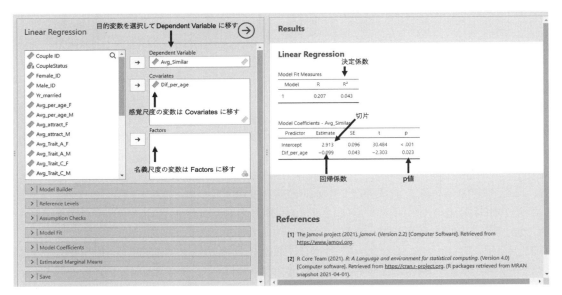

図7.1 単回帰分析の方法とその結果

は Dif_per_age 以外の要素によって決まるということである。次に，**Model Coefficients** を見ると回帰係数が分かる。回帰係数と切片は **Estimate（推定値）** の列に表示される。Dif_per_age の回帰係数は－0.099 と表示されている。p 値を確認すると，0.023 であるので，これは5%水準で有意な回帰係数と判断してよいであろう。つまり，Dif_per_age が1ポイント上昇するとき，Avg_Similar は約0.10ポイントほど値が小さくなる傾向にある。切片は Intercept の行に表示される。値を確認すると2.913となっているため，説明変数の値が0のとき，目的変数の値の予測値は約2.91ということが示される。

　それではオプションメニューを使って，**図7.1** にて出力された結果に，情報を加えてみよう。まず，決定係数（R^2）の有意性検定についてである。モデルが有意かどうかを確認するためには，**Model Fit（モデル適合度）** オプションを開く。このオプションでは仮定したモデルがデータに当てはまるかどうかを調べることができる。**Fit Measures（適合度指標）** に並ぶ項目はいずれも適合度指標と言われるものであるが，この指標については後述する。モデルが有意かどうかを確認するためには **Overall Model Test（モデル全体の検定）** の **F test（F 検定）** にチェックを入れる（**図7.2**）。**F test** を選択すると，結果出力画面の **Model Fit Measures** にモデルに対する F 検定の結果が加わる。今回の単回帰分析の場合，F 値 $(1, 118)$ は 5.30（$p = .023$）という結果が得られ，5%水準で有意であることが分かる。次に標準化された回帰係数を出力してみよう。Model Coefficients（モデル係数）のオプションを開くと **Omnibus Test（オムニバス検定）**，**Estimate（推定値）**，**Standardized Estimate（標準化推定値）** の項目がある。**Omnibus Test** 内の **ANOVA test（ANOVA 検定）** については **2-2** にて紹介する。**Estimate** 内の **Confidence interval（信頼区間）** は回帰係数の信頼区間を出力する。標準化回帰係数を出力するためには **Standardized Estimate** 内の **Standardized Estimate** にチェックを入れる（**図7.2**）。出力結果から $\beta = -.207$ という標準化回帰係数を得られる。なお，**Standardized Estimate** 内の **Confidence interval** にチェックを入れれば標準化回帰係数の信頼区間を出力できる。

　回帰分析では説明変数に間隔尺度以上の変数を用いることを説明したが，名義尺度（カテゴリによる変数）でも分析することができる。jamovi では説明変数に指定したい変数が名義尺度であっ

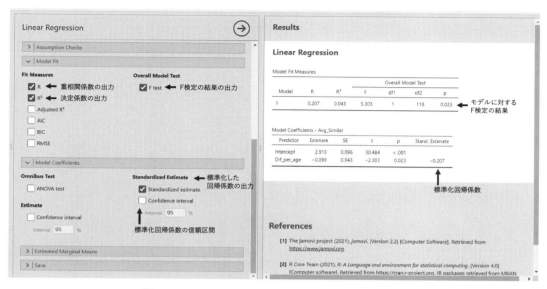

図7.2　回帰モデルの検定と標準化回帰係数の出力

た場合には，分析したい変数を **Factors** のボックスに入れる。名義尺度は数値で表せない尺度水準であるため，当然１単位という数値的な値はもたない。そこで，当該変数の項目を０と１の数値に変換する。０と１の値に変換した変数をダミー変数と言う。Wong et al. (2018) の Experiment 1 のデータでは Couple Status という名義尺度の変数があるので，これを Factors のボックスに選択してみよう。次に Avg_Similar を Dependent Variable のボックスに入れると，Avg_Similar と Couple Status の関連を分析できる。Couple Status は Couple / Non Couple のカテゴリに回答を分けるため２水準の変数である。これらの変数に０と１の値を割り付け，０の項目から１の項目に値が変化したときの目的変数の値の変化を推定している。このとき，０に指定した水準を参照水準や基準水準（参照カテゴリ，基準カテゴリ）と呼ぶ。出力結果の見方は上記の場合と同様である。ダミー変数を用いた分析の場合，説明変数は必ず０か１かの値を取る。そのため，Estimate の値は説明変数が１になったときの目的変数の増減を表す。ここでは 0.569（$p < .001$）という回帰係数が得られている（**図 7.3**）。問題は Couple Status の Couple / Non Couple いずれが０でいずれが１なのかということであろう。jamovi ではオプションの **Reference Level（基準レベル）**で簡単にダミー変数を指定できる。**Reference Level** の項目を開くと，**Variable（変数）**と **Reference Level（基準レベル）**と記載された表が表示される。**Variable** の列には **Factors** に選択した変数が一覧表示される。それぞれの変数に対して，**Reference Level** の列にてダミー変数の基準となる項目を選択できる。Non Couple が指定されていれば，回帰係数は**図 7.3** と同じく 0.569（$p < .001$）の値になる。つまり，Couple は参照水準に指定された Non Couple と比べて約 0.57 ポイントほど顔の類似性を高く評価する傾向にあるといえる。ここで **Reference Level** で Couple を指定すれば，回帰係数の値は -0.569（$p < .001$）と逆の符号になるはずである。つまり，Non Couple は参照水準となる Couple よりも約 0.57 ポイントほど顔の類似性を低く評価する傾向にあるといえる。０と１の値を入れ替えるだけであるので，基本的にはどちらの水準を **Reference Level** に指定しても差し支えない。ただし，仮説や注目したい変数を１の値に指定すれば結果の記述は分かりやすくなる。先の例でいえば，Couple に主眼を当て，Non Couple と比較したいのであれば **Reference Level** に

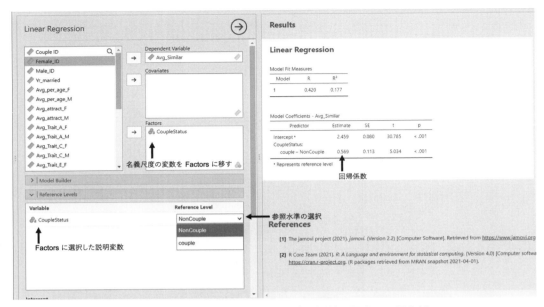

図7.3 説明変数が名義尺度（カテゴリ変数）の場合の回帰分析

Non Couple を指定し，「Couple は Non Couple よりも約 0.57 ポイントほど顔の類似性を高く評価する傾向にある」と記述した方が結果を理解しやすい。なおダミー変数は 3 水準以上でも利用できる。3 水準以上の場合は 1 つのカテゴリごとに 1 つのダミー変数を作成し，分析には水準数から 1 を引いた数まで説明変数として投入する。そのため，説明変数には 1 つのカテゴリのみ 1 の値を割り当てられないカテゴリが生まれる。1 の値を割り当てられないカテゴリが参照水準にあたる。例えば，1〜4 年生までの学年をダミー変数として回帰分析に用いるとき，2 年生ダミー（2 年生に 1 を割り当て），3 年生ダミー（3 年生に 1 を割り当て），4 年生ダミー（4 年生に 1 を割り当て）が説明変数として分析に投入される。このとき，1 年生は常に 0 の値をとる参照水準となる。jamovi では，**Reference Level** に 1 年生を指定すればよい。

2-2　重回帰分析

次に，重回帰分析を実行する。ここでは Avg_Similar を目的変数とし，Dif_per_age と RMSPersonalityDiff を説明変数とする階層的重回帰分析を行ってみよう。まずは重回帰分析の方法と出力結果を確認し，その後階層的重回帰分析の方法を解説する。

回帰分析と同じく，**Analyses** タブの **Regression** から **Linear Regression** を選択する。回帰分析の分析メニューが開くので変数名の並ぶ欄から Avg_Similar を **Dependent Variable** の欄に移す。次に，説明変数を選択する。Wong et al. (2018) では，Dif_per_age と RMSPersonalityDiff を説明変数としているので，これらの変数を **Covariates** の欄に移す（**図 7.4**）。2-1 で説明したように，モデルの評価について操作するためには **Model Fit** のオプションメニューを開く。**Overall Model Test** 内の **F test** にチェックを入れればモデルに対する検定結果が出力される。重回帰分析では **Fit Measures** の **Adjusted R^2**（調整済 R^2）についても確認しておこう。これは自由度調整済み決定係数と言われる指標である。決定係数は説明変数全体によって目的変数をどの程度予測できるかの指標であった。そのため，説明変数が多くなればなるほど，決定係数は大きな値になりやすい。しかし，理論的背景や仮説もなく闇雲に説明変数を増やすことは，通常推奨されない。説明変数の数の影

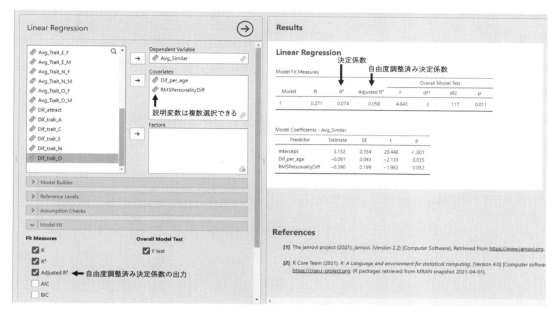

図7.4　重回帰分析の方法とその結果

響を取り除いたうえで，モデルの予測精度を示した指標が自由度調整済み決定係数である。そのため，重回帰分析の決定係数の報告には自由度調整済み決定係数が使われることが多い。jamovi では **Fit Measures** の **Adjusted R²** にチェックを入れることで自由度調整済み決定係数を出力できる。**図 7.4** を見ると，R^2 の値が 0.074 であるのに対し，**Adjusted R²** の値は 0.058 である。わずかに **Adjusted R²** の方が小さな値になっていることを確認してほしい。

　回帰分析と同じく，**Model Coefficients** では，**Standardized estimate** にチェックすることで標準化偏回帰係数を出力できる。また，**Omnibus Test** 内の **ANOVA test** を選択することで，各説明変数の説明力が 0 でないかを検定できる。この検定の結果，有意でなければ分析モデルの中で当該説明変数は目的変数の予測に貢献していないということが分かる。

　それでは次に，jamovi による階層的重回帰分析の手順を説明する。分析に使う変数の選択は重回帰分析と同様である。ここでは目的変数に Avg_Similar，説明変数に Dif_per_age と RMSPersonalityDiff を選択する。階層的重回帰分析を行うためには **Model Builder**（モデルビルダー）のオプションメニューを開く。左側の欄（**Predictor / 予測変数**）には選択した説明変数が一覧表示される。右側は説明変数のグループを作成する欄（**Block / ブロック**）である。初期状態は **Block 1** に Dif_per_age と RMSPersonalityDiff が含まれている。Wong et al. (2018) では，ステップ 1 に Dif_per_age，ステップ 2 に RMSPersonalityDiff を投入しているので，**Block 2** に RMSPersonalityDiff を移そう。まず，**Add New Block**（ブロックを追加）のボタンをクリックし，**Block 2** を追加する。次に RMSPersonalityDiff をドラッグして **Block 2** に移す（**図 7.5 左**）。これで階層的重回帰分析の結果が出力される。

　ここまでの分析と同様に，**Model Fit Measures** の表にモデル全体の評価が示される。階層的重回帰分析の場合にはこの表が 2 行以上になり，各行の **Model** 列に 1, 2, … と数値が振られる。**Model 1** の行には **Block 1** で選択している説明変数を投入した重回帰分析の結果が表示される。**Model 2** の行には **Block 1** と **Block 2** で選択している説明変数を投入した重回帰分析の結果が表示される。**Block** が 3 以上ある場合にはこれを繰り返す。Wong et al. (2018) の結果と同

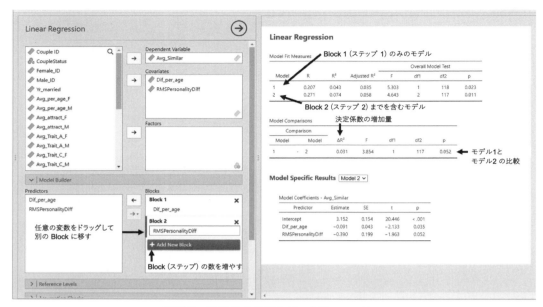

図7.5 階層的重回帰分析の方法とその結果

じく，Model 1 は R^2 = .043, F (1, 118) = 5.303, p = .023 という結果が得られた。階層的重回帰分析で **Block** を加えたモデルを分析した際には，R^2 の増加量に注目する。jamovi では **Model Comparisons（モデル比較）** の表に比較している Model に合わせて R^2 の差分（ΔR^2）が出力されている（**図7.5** 右）。ここでは Block が 2 つしかないので，比較するモデルも 1 と 2 のみである。ΔR^2 の列に R^2 の増加量が示されており，この増加量に対する検定も行われる。この結果は ΔR^2 = .031, F (1, 117) = 3.85, p = .052 となり，おおよそ Wong et al. (2018) の結果と同じである（四捨五入のため値が一部異なる）。

　階層的重回帰分析の偏回帰係数は **Model Specific Results（個別モデルの結果）** に表示される（**図7.6** 右）。通常，R^2 の増加量（ΔR^2）が有意にならなかったステップを追加したモデルは採用せず，そのステップを追加する直前のモデルを採用するため，jamovi でも表示するモデルをプルダウンメニューから任意に選べるようになっている。Wong et al. (2018) では ΔR^2 が有意でないものの，Model 2 の係数が参照されているので，本書でも Model 2 の値を確認してみよう。Dif_per_age の偏回帰係数は − 0.091 (SE = 0.04, t = − 2.13, p = .035)，RMSPersonalityDiff の偏回帰係数は − 0.20 (SE = 0.199, t = − 1.96, p = .052) であり Wong et al. (2018) と同じ結果が得られた。ただし，この結果から RMSPersonalityDiff の方が Dif_per_age よりも Avg_Similar への効果が大きいと判断してはいけない。なぜなら，上記に示した結果は標準化されておらず，Dif_per_age と RMSPersonalityDiff のそれぞれの単位に依存する値だからである。これらを比較する場合には，オプションメニューの **Model Coefficients** を開き **Standardized Estimate** にチェックを入れて標準化偏回帰係数を出力する（**図7.6** 左）。標準化偏回帰係数を確認すると，Dif_per_age（β = − .191）の方が RMSPersonalityDiff（β = − .175）よりも目的変数（Avg_Similar）をよく説明していることが分かる（**図7.6** 右）。

　また，jamovi では **Model Builder** を活用すれば，交互作用効果の分析が容易にできる。交互作用効果を分析したいときは，Predictor に一覧されている説明変数から任意の説明変数を選択する。複数の説明変数を選択するためには，Windows の場合は ctrl キー，Mac の場合は cmd キーを押しな

図7.6 Model Specific Resultsと偏回帰係数の確認

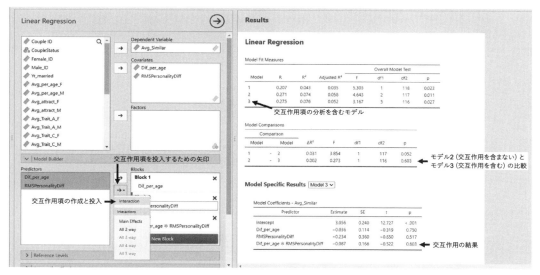

図7.7 交互作用項を含む階層的重回帰分析の方法とその結果

がら任意の変数名をそれぞれクリックすればよい。**図 7.7** では Dif_per_age と RMSPersonalityDiff を選択している。これらを選択した状態で，2つある右向き矢印の内，下側の矢印をクリックする。下側の矢印をクリックするとメニューが開くので，**Interaction**（**交互作用**）を選択する（**図 7.7**）。これにより，Dif_per_age * RMSPersonalityDiff という変数を作ることができる。かけ算記号（*）で2つ以上の変数を結んだものが，交互作用項にあたる。交互作用項を含むモデルはステップを分けることが多いため，ここでは Block 3 に Dif_per_age * RMSPersonalityDiff を入れている。結果の読み取りは階層的重回帰分析と同様である。**図 7.7** の **Model Comparisons** から決定係数の増加量は有意ではなく（$\Delta R^2 = .002$, $p = .603$），また **Model Specific Results** の Dif_per_age * RMSPersonalityDiff の行から交互作用効果は有意でないことが分かる（$\beta = -.055$, $p = .603$）。

最後に，その他のオプションを紹介する。オプションにより計算できる検定等の詳細は本書では

扱わないので，豊田（2012）などで各自学んでほしい。ここではオプションにて，以下の操作ができるということを述べる。まず **Assumption Checks**（**前提チェック**）では，回帰分析を行うための前提条件が満たされているかを確認できる。例えば，回帰分析もその他のパラメトリック検定と同じく目的変数に正規分布を仮定する。この仮定が満たされているかどうかを確認したいときには **Assumption Checks** の **Normality test**（**正規性検定**）にチェックを入れる。これにより正規性の検定（シャピロ‐ウィルクの検定）の結果が出力される。もしこの結果が有意ならば，正規分布の仮定を置くことはできない。また，**Collinearity Statistics**（**共線性統計量**）にチェックを入れれば，多重共線性を確認する指標である VIF を出力できる。**Estimated Marginal Means**（**推定周辺平均**）オプションでは重回帰分析を行った際のモデルから推定された平均値を算出できる。推定の結果は図または表で出力される。**Marginal Means**（**周辺平均値**）に推定に用いたい説明変数を選択することで推定できる。1 つの図表に複数の説明変数を指定することもできる。**Save**（**保存**）のオプションでは，分析した重回帰分析のモデルに基づき，個々の観測値に対して推定値を算出する。この結果は右側の出力画面には表示されず，データセットの最も右側の列に新しく変数として保存される。保存できる変数は **Predicted Values**（**予測値**），**Residuals**（**残差**），**Cook's distance**（**クックの距離**）である。

第 3 節　まとめ

　以上，さまざまな回帰分析について，その特徴と分析方法を解説した。特に重回帰分析は心理学の研究でも頻繁に用いられる手法である。心理学的な変数は間隔尺度（と見なされる尺度）で測定されることが多いし，関心のある目的変数の変動を説明する変数は 1 つに絞られることは稀だからである。読者が触れる論文等でも重回帰分析が行われている例を多く見つけることができると思うし，読者が調査したデータに重回帰分析を適用することも少なくないであろう。回帰分析を活用することで，説明変数と目的変数の関連を明らかにするモデルを構成し，説明変数による目的変数の予測について検討できるようになる。

引用文献
豊田 秀樹（2012）．回帰分析入門——R で学ぶ最新データ解析——　東京図書
Wong, Y. K., Wong, W. W., Lui, K. F., & Wong, A. C. N. (2018). Revisiting facial resemblance in couples. *PLoS ONE, 13*(1):e0191456.<https://doi.org/10.1371/journal.pone.0191456>

参考図書
　回帰分析の使用にあたって，回帰分析も分散分析や t 検定と同様にいくつかの前提条件のもとに用いられるべき分析方法である。しかし，本章ではこの点について，紙幅の都合もあり十分に解説できていない。読者が単回帰分析や重回帰分析を行う際には，事前にこれらの手法を解説した書籍等で知識を十分に得るなどして，分析手法に関する正しい理解を深めてほしい。
豊田 秀樹（2012）．回帰分析入門——R で学ぶ最新データ解析——　東京図書

第8章 因子分析

　因子分析（factor analysis）は，多変量解析の1つであり，複数の項目からなる尺度において，項目をまとめる少数の説明要因，またはデータの奥に潜む共通の心理要因を取り出す目的で行われる分析である。いずれの場合も，項目（変数）間の関連性，すなわち共変動の情報をもとに，データがいくつの要因から構成されているかを明らかにする。このとき，いくつかの項目が共変（相関）関係にある場合は，項目群は似たような内容を測定していると考えられ，まとめて考えた方が理解しやすい。この分析は，複数の（しばしば多数の）質問項目からなる尺度から得られた情報を可能な限り要約し，情報を圧縮することを目的に行われる。このような項目の奥に潜む，要約に用いられる変数は潜在変数（latent variable）と呼ばれる。因子分析は，この潜在変数を見つける，または潜在変数があると仮定してデータの変動を説明しようとする分析である。jamovi では，探索的因子分析（exploratory factor analysis; EFA），および確認的因子分析（confirmatory factor analysis, CFA）という2種類の因子分析と，しばしば因子分析と併用される信頼性分析（reliability analysis）を行うことができる。それでは，jamovi による因子分析の方法をみていこう。

　この章では，第1章と同様に，下の論文で分析されているデータを使って，jamovi の基本操作について解説する。

Majima, Y., & Nakamura, H. (2020). Development of the Japanese version of the Generic Conspiracist Beliefs Scale (GCBS-J). *Japanese Psychological Research*, 62, 254-267.
データは，https://osf.io/24w8u の Survey1 フォルダにある Survey1_EFA.csv，および Survey1_CFA.csv の2つを使う。前者のデータは探索的因子分析，後者は確認的因子分析の解説で使用する。なお，論文は，https://doi.org/10.1111/jpr.12267 からダウンロードすることができるので，必要に応じて参照してほしい。

第1節　因子分析とは

　因子分析は複数の項目からなるデータが，背後にある少数の共通要因（潜在変数）によって構成されるという仮定のもとで，その潜在変数を明らかにしようとする分析である。因子分析と似ているため，しばしば混同される分析として主成分分析（principal component analysis; PCA）がある。因子分析と主成分分析の違いは，主成分分析は個々の項目に対する回答（観測データ）から少数の合成得点を求めることを目的としているのに対し，因子分析は個々の項目への回答それ自体が合成得点であると考え，その合成に必要な構成要素，すなわち潜在変数としての因子を得ることを目的としている。したがって，主成分分析では，項目得点→合成得点（主成分得点）という方向で因果関係を考えているのに対して，因子分析では（複数の）因子→項目得点という方向を考えている点が異なる。

　例えば，5項目の尺度が，それぞれ，妖怪（X_1），鬼（X_2），幽霊（X_3），神（X_4），妖精（X_5）を信じるかどうかを尋ねるものであり，項目間の相関係数が**表8.1**のとおりであったとしよう[1]。

表8.1　項目間の相関の例

	妖怪	鬼	幽霊	神	妖精
妖怪	1	0.72	0.75	0.47	0.50
鬼		1	0.77	0.48	0.57
幽霊			1	0.70	0.73
神				1	0.74
妖精					1

　項目の相関行列をみると，妖怪-鬼-幽霊間の相関は高く，神-妖精の相関も高いことがみてとれるため，前者の項目群（X_{1-3}）は怪異的な超自然的存在，後者の項目群（X_{4-5}）は神話的な超自然的存在への信奉を測っていると考えられそうである。しかし，怪異または神話それぞれの項目群に含まれる変数同士の相関に比べれば低いものの，異なる群に属する変数間の相関も0.45よりは大きく（例えば，妖怪-神の相関は$r = .47$），全体としてひとまとまりの超自然的存在への信奉を測定していると考えることもできそうである。因子分析では，目に見える項目の回答，つまり人の振る舞いから，目に見えない特徴を仮定してそれに名前を付ける，ということを行う。そこで行われているのは，相関関係に基づいて変数をまとめあげ，そのまとまりに対して共通要因となる因子を「見出す」ということである。例えば，見出された因子が怪異，および神話的超自然存在であるとすると，因子分析ではこの2つの因子が，具体的な項目であるX_1～X_5の回答を生み出していると考える。

　なお，因子分析には，因子の構造について事前の予測を立てずに，上記のように変数のまとまりから共通要因を探り出す探索的因子分析（exploratory factor analysis）と，潜在的な因子と項目間の関係について事前に目星を付けて（仮説をたてて）行う確認的因子分析（confirmatory factor analysis）の2つがある。

第2節　探索的因子分析とは

　探索的因子分析では，観測できる項目への回答同士の関係性，すなわち項目間の相関関係をもとに，因子を推定する。その際，因子と項目の間に特定の構造や関係を想定せず，すべての項目がすべ

　1）　このデータは，ランダムにそれらしく作成したものであるので，実際の信心を反映しているわけではない。

ての因子と関係するという構造を考え，項目への回答を因子で説明できる部分と，因子では説明できない独自成分に分けていく。例えば，**図8.1** では，前述の超自然的存在への信奉を問う 5 項目の回答が 2 つの因子 F_1，F_2 から説明されるという構造を考えている。

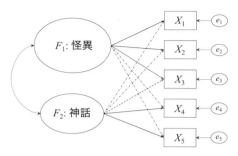

図8.1　探索的因子分析のモデル

　因子分析の重要な用語の 1 つに固有値（eigenvalue）というものがある。固有値とは何であるかをきちんと理解するためには，線形代数や行列についての知識が必要となるが，ここでは大雑把に，因子という軸でデータをまとめようとしたときの，データのまとまりの度合いと考えておけばよい。言い換えれば因子がすべての項目に対してどの程度支配的な地位を占めるかの度合いを指す。具体的には，m 個の項目への回答では，各項目の分散を 1 に揃える（規格化）と，分散の総量は m になる。このとき，分散の総量から，項目の回答を説明する共通成分（因子）に対して値を割り振る。そうして因子に割り振られた値が固有値であり，因子に割り振られない，すなわち因子で説明できない部分が独自性ということになる。そのように考えると，因子の固有値は，総数として m 個ある項目のうち，項目何個分を説明できているかを表す値となる。また，固有値を総数 m に対する比率として表現した値を寄与率という。例えば，サンプルデータについて因子分析を行った結果得られた固有値が**表 8.2** のとおりであったとすると，第 1 因子（F_1）は，項目 2.12 個分の固有値を持ち，寄与率は 0.42 であり，第 2 因子（F_2）は項目 1.7 個分の固有値と，0.34 の寄与率があることになる。そして，この 2 つの因子で，項目への回答の 76% が説明されることになる。

表8.2　固有値と寄与率

因子	固有値	寄与率	累積寄与率
F_1	2.12	0.42	0.42
F_2	1.70	0.34	0.76

　一方，これらの因子によって各項目の回答がどの程度説明されるかについては，項目と因子の関係性の強さを表す因子負荷量（factor loading），項目が因子全体からどの程度説明されるかを表す共通性（communality），因子では説明できない項目の独自性（独自分散, unique variance）といった指標が算出される。**表 8.3** の結果では，いずれの項目も共通性の値が比較的高く，2 つの因子によってよく説明されていることが分かる。なお，この値は変数の分散を 1 とした場合の説明の割合を表しているので，独自性は 1 から共通性を引いた値になる。また，因子 F_1 に対する因子負荷量は全般的に高く（> 0.77），因子 F_2 に対する負荷量はそれよりも低いことが分かる。ただし，この因子負荷量は，そのまま解釈するのではなく，通常は軸を回転してから行う。軸の回転については，後述する。

　さて，先に述べたように探索的因子分析では，因子について事前の構造を予測せず，探索的に因

表8.3 項目のF_1, F_2に対する因子負荷量, 共通性, 独自性

項目	F_1	F_2	共通性	独自性
X_1	0.774	-0.339	0.714	0.286
X_2	0.800	-0.288	0.723	0.277
X_3	0.938	-0.071	0.885	0.115
X_4	0.773	0.407	0.763	0.237
X_5	0.800	0.306	0.734	0.266

注)因子抽出方法は最小残差法, 回転なし

子を決定すると述べた。しかし, ここではその因子として2つを選んでいるので, 因子の選び方について疑問に思う人もいるだろう。それでは, この因子の抽出方法や, 因子軸の回転方法について, 具体的なデータを使い, jamoviでの因子分析と併せて説明していこう。なお, この章では, Majima & Nakamura (2020) が行った探索的因子分析 (Survey1_EFA.csv) と確認的因子分析 (Survey1_CFA.csv) に沿って解説を行う。

第3節 jamoviによる探索的因子分析

jamoviで因子分析を行う場合, **Analyses（分析）**タブにある **Factor（因子分析）**から選択する（**図8.2**）。Factorメニューの中にある, **Exploratory Factor Analysis**が**探索的因子分析**, **Confirmatory Factor Analysis**が**確認的因子分析**である。なお, **Principal Component Analysis**を選ぶと**主成分分析**が行われる。ここでは, **Exploratory Factor Analysis**を選択しよう。

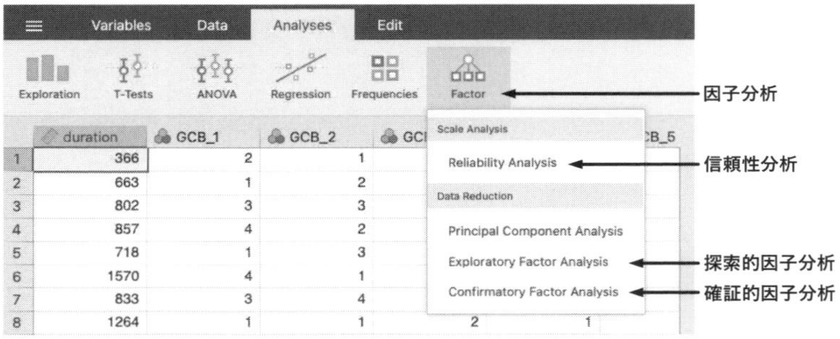

図8.2 因子分析メニュー

Exploratory Factor Analysisを選択すると, **図8.3**のようなメニュー画面となる。先頭の**Variables（変数）**ボックスに変数を入れる点はこれまでの分析と同じであり, 分析対象となる項目のみをこのボックスに入れる。オプションは, 左上に**Extraction（因子の抽出法）**, **Rotation（因子の回転法）**, 左下には**Number of factors（因子数）**がある。右上には, **Assumption Checks（前提チェック）**, 中央に**Factor loadings（因子負荷）**, 下には**Additional Output（追加の出力）**の選択メニューが並ぶ。

まず, 因子の抽出方法については, **minimum residual（minres, 最小残差法）**, **maximum likelihood（ml, 最尤法）**, **principal axis（主因子法）**の中から選択する。因子の抽出方法は, 言い換えれば, 共通性の推定方法のことであり, 最小残差法は, 共通因子で説明できない残差を可能な限り最小化する, という基準で推定を行う。対して最尤法はサンプルを母集団からの標本として考え,

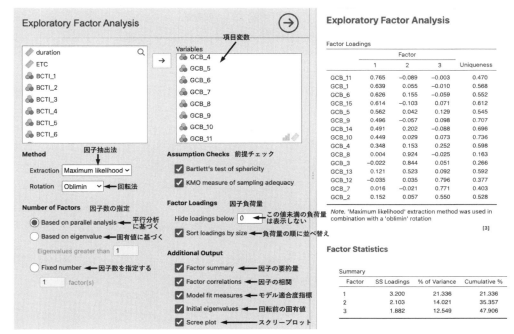

図8.3 探索的因子分析の初期設定とオプション

標本値に対する尤度²⁾が可能な限り大きくなるように母数を推定する方法である。主因子法は，相関行列の対角線に共通性の初期値を入れ，相関行列を固有値分解することで共通性を推定するというステップを収束するまで繰り返す方法であり，寄与率が高い因子から順に抽出する方法である。各抽出方法の特徴をまとめると以下のとおりである。最小残差法は，最小2乗法を用いて残差が最小となるよう推定を行い，比較的小さめのサンプルでも推定がうまくいきやすいといった特徴を持つ。最尤法はサンプル数が大きければ最も良い推定をすることができるが，多変量正規分布を前提としているため分布に歪みがある場合には適していない，計算途中で共通性の推定値が1を越えてしまうなどの推定の不適解（ヘイウッドケース）が出やすいといった欠点がある。主因子法は項目の相関行列の対角セル（通常，相関係数が1となるセル）を共通性の初期値で置き換えて，その後相関行列の固有値分解を一定の基準を満たすまで繰り返す。主因子法も最小残差法と同様，推定が成功しやすいという性質があり，また計算が比較的単純であるため，計算能力が十分ではなかった時代にはよく使われた方法である。因子抽出方法には絶対的な基準はないが，それぞれの手法のメリット・デメリットを理解したうえで適切な方法を選ぶ必要がある。一般的には，最尤法で推定ができるならば最尤法を，不適解となり推定ができない場合は，最小残差法を用いるといったステップを踏むことが多い。jamovi では，抽出方法の初期選択は最小残差法になっている。

　また，因子は最大で項目数分の因子を抽出することが可能だが，それでは因子分析をする意味はないので，項目数よりも少ない数の因子でまとめることを考えるのが普通である。因子数決定の基準もさまざまあり，古典的な決定方法としては，固有値が1以上となる因子を用いるガットマン（カイザー）基準，固有値の減衰状況をグラフ化し，水平に近いところから角度が大きく変化する箇所で因子数を決めるスクリープロット基準，累積寄与率が50%を越えるところまで因子を採用する

---

2) 尤度とは，推定しようとしているパラメータがある値をとるときに，観測している事象が起こりうる確率を指す。尤度が可能な限り大きくなるように推定するということは，観測データが生じる確率が最も高くなるパラメータ（母数）を推定するということになる。

方法がある。また，統計的な観点を重視した因子数の決定方法として，最小平均偏相関（minimum average partial; MAP）基準，平行分析（parallel analysis）といった方法がある。MAP は，因子を統制変数としたときの観測変数間の偏相関係数を求め，その 2 乗平均が最小となるように因子数を決める方法であり，平行分析は観測データと同じ列数（同じ変数の個数），同じ行数（同じサンプル数）を持つランダムなデータを複数発生させ，ランダムデータで因子分析を行った場合の因子の固有値よりも観測データの因子の固有値が上回る分だけ因子を採用する方法である[3]。これらの方法は，さまざまな長所・短所があるが，特に因子数の推定数についていえば，ガットマン基準は因子を過大推定しやすいのに対し，MAP は過小推定することがあり，対角 SMC による平行分析は過小推定はほぼしないものの過大推定は起こりうるといった特徴がある。そのため，実際には，複数の基準により因子数の推定を行い，因子数について複数の候補が提案された場合は，項目が 1 つの因子のみと関連する，1 つの因子と関連が強い項目が 3 変数以上ある，複数の因子に同時に関連する項目がない，解釈がしやすいといった基準で因子数を決める方法が提唱されている（服部, 2010）。なお，jamovi のデフォルトは平行分析である。

　次に，因子の回転であるが，例えば**表 8.3** の因子負荷量を見ると，すべての項目が F_1, F_2 の因子にそれぞれ概ね 0.30 程度かそれ以上の負荷量を持っており，そのままだと解釈がしにくい。

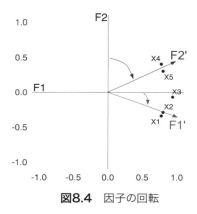

図8.4　因子の回転

　例えば，**図 8.4** は，X 軸に F_1 への因子負荷量，Y 軸に F_2 への因子負荷量をとり，各変数をプロットしたものであるが，元々の因子の軸では，X_1〜X_5 までの項目の 2 次元上の配置をそれぞれの因子軸によって説明する，すなわち因子がどのような傾向を表すものとして理解できるのか，といった軸の持つ意味の解釈が難しい。そこで，F_1, F_2 を，それぞれ F_1', F_2' の方向に回転すると，X_1〜X_3 は F_1' に関連した項目，X_4, X_5 は F_2' と関連した項目という分類が可能になるため，因子軸の解釈がしやすくなる。因子の回転は，因子軸の角度を直角としたまま回転を行う直交回転と，因子軸の角度に任意の角度を設定できる斜交回転の 2 種類に分けられる。前者の直交回転は因子間の相関がないという制約が課されるが，斜交回転では直交という制約がない分，軸をより良く当てはめることができる反面，因子間に相関があることが前提となる。また，直交回転では因子負荷が一意に定まるため，1 つの因子負荷量行列のみが出力されるが，斜交回転では因子パターン行列，因子構造行列という 2 つの行列が求められる。一般的には，因子パターン行列の方がより単純な構造を表すことができるため，斜交回転の場合は，因子パターン行列の方を見て解釈する。

---

3)　ただし，平行分析の中にも相関行列をそのまま使うものや，相関行列の対角項に SMC（各変数とそれ以外の変数の重相関係数の 2 乗）を使うものなど複数の方法がある。

　直交回転にはバリマックス（varimax）回転，クォーティマックス（quatimax）回転などがあり，jamovi ではこの 2 つの方法を選択できる。バリマックス回転は，直交回転の代表的な手法で，因子ごとに因子負荷量の平方の分散（variance）が最大（max）になるように回転が行われる。クォーティマックス回転は，因子負荷量の絶対値が 1 か 0 のどちらかに近いものが多くなるように回転が行われる。斜交回転にもさまざまな方法があり，jamovi では，プロマックス（promax）法，オブリミン（oblimin）法，シンプリマックス（simplimax）法が選択できる。プロマックス法は代表的な斜交回転で，一度バリマックス回転を行って得られた因子負荷行列を 3 乗または 4 乗し，それに近づけるようにプロクラテス回転という回転を行う。オブリミン法はいくつかの斜交回転法をまとめた総称であり，因子負荷の 2 乗の共分散が最小になるように回転を行う。jamovi はオブリミン法に含まれるクォーティミン回転を行う。シンプリマックス法は，因子負荷行列に含まれる 0 の個数が特定の値になるように回転を行う。0 の個数は分析者の基準で決めることもできるが，jamovi では 0 の個数を自由に選ぶのではなく，分析に使っている変数の個数となるように回転が行われる。なお，jamovi はデフォルトの回転法としてオブリミン法が選択される。

　かつては，因子間相関を考慮する必要がなく，計算が容易であるため，直交回転の方がよく使われていたが，現在は計算機の性能が向上したこともあり，斜交回転を使うことが一般的である。斜交回転の 1 つであるプロマックス法は，比較的単純な構造，すなわち項目の因子負荷が特定の因子に対してだけ大きくなるような構造を目指すためによく使われてきたが，複数の因子に同時に負荷を持つ項目が出現しやすい。したがって，回転方法の選択は，どのような構造を求めているか，例えば，複数の因子が相互に関連し合うような構造を目指すのか，比較的独立した因子構造を目指すのかによって最適な方法が変わってくる。例えば，比較的単純な構造を得たい場合はプロマックス回転を選ぶのが無難である。しかし，プロマックス回転で思うような解が得られない場合は，他の方法を選ぶことになる。一方，そもそも単純な構造にならないことが予想されるデータの場合は，始めからオブリミン回転などを選んだ方がよい。シンプリマックス法はプロマックス法の改良版という位置づけになっている。特に心理尺度などの場合は，因子間に相関がある（あるいは，相関が想定される）ことが多いので，直交回転よりは斜交回転の方が望ましいことが多い。ただし，斜交回転の結果，因子間相関がきわめて小さい場合は，事後的に直交回転に変更して，より単純な構造を目指すことも可能である。

　それでは，サンプルデータについて探索的因子分析を行ってみよう。**図 8.3** では，Majima & Nakamura (2020) に倣って，因子の抽出は **Maximum likelihood**（**最尤法**），因子の回転は **Oblimin**（**オブリミン**）を使っている。また，因子数は平行分析の結果に基づいて 3 因子解となっており，[4] 3 因子の因子負荷量が結果パネルに示されている。なお，**Factor Loadings** オプションのテキストボックスの数値は，デフォルトでは 0.3 に設定されており，因子負荷量の値が 0.3 未満の場合は表示されない。なお，図では，この基準値を 0 にすることによって，すべての負荷量を出力するようになっている。**Additional Output** は，上から順に **Factor summary**（**因子の要約量**；回転後の固有値と寄与率），**Factor correlation**（**因子の相関**，ただし斜交解の場合のみ），**Model fit measures**（**モデル適合度指標**），**Initial eigenvalues**（**回転前の固有値**），**Scree plot**（**スクリープロット**）の順である。それぞれチェックを付けた結果が出力される。

　なお，平行分析が提案するのは 3 因子であるが，平行分析は因子数を過大推定することがあることと，jamovi では使えないが MAP 基準の結果や，因子の解釈可能性等を考慮に入れて，Majima & Nakamura (2020) では 2 因子解を採用している。ここではそれに合わせて分析をやり直そう。因子数を固定するには，**Number of factors**（**因子数**）の **Fixed number**（**数値指定**）のボックスに 2

4）　ランダムデータを用いているため，必ずしも 3 因子解にはならない場合もある。

Exploratory Factor Analysis

因子負荷
Factor Loadings　**因子**

	Factor		独自性
	1	2	Uniqueness
GCB_11	0.731	−0.110	0.532
GCB_5	0.665	0.021	0.544
GCB_15	0.662	−0.126	0.626
GCB_1	0.610	0.032	0.608
GCB_7	0.609	0.032	0.610
GCB_2	0.591	0.079	0.599
GCB_9	0.580	−0.080	0.702
GCB_12	0.577	0.089	0.609
GCB_6	0.557	0.130	0.602
GCB_4	0.557	0.147	0.589
GCB_10	0.513	0.008	0.733
GCB_14	0.413	0.175	0.729
GCB_8	−0.019	0.919	0.172
GCB_3	0.012	0.854	0.261
GCB_13	0.197	0.521	0.591

Note. 'Maximum likelihood' extraction method was used in combination with a 'oblimin' rotation　**最尤法＋オブリミン回転**

図8.5　陰謀論尺度データの因子分析結果（2因子解の場合）

と入力すればよい。2因子構造の場合の**因子負荷量**は**図8.5**に示されている（ここでは結果を分かりやすくするため原著とは異なり負荷量の大きさで項目を並べ替えている）。これは原著どおりの結果であり，因子1（一般的陰謀論信念）は項目3，8，13以外のすべての項目と関係しており，因子2（地球外生命体陰謀論）は項目3，8，13と関係している。今回は事前に分析が行われているデータについて，再度分析を行っているが，実際はここで抽出された因子に対して，因子負荷量の高い項目を参考にしながら因子を命名する必要がある。因子の名称は，結果の解釈にも影響するため，適切な名前を付けるように心がけよう。

　追加出力のうち，**summary**（因子の要約量），**Inter-factor correlations**（因子間相関），**model fit measures**（モデル適合度指標）は，**図8.6**のようになる。因子要約量のうち，**SS Loadings**（**負荷量2乗和**）は，因子の因子負荷量の2乗の合計であり，因子ごとに説明できる情報の量である因子寄与のことである。これをデータ全体の分散のうち，その因子で説明できる情報量の割合に直したのが，隣の**% of Variance**（**寄与率**）である。**Cumulative %**（**累積寄与率**）は，その寄与率を第1因子から合計した値を示す。このデータの場合2つの因子で全体の43.3%を説明できていることになる。下にある因子間相関の表では，因子ごとの相関係数が相関行列の形で示され，今回のデータでは第1因子と第2因子の相関係数が $r = .486$ であることが分かる。

　モデル適合度指標では，今回の因子分析モデルのデータに対する当てはまりの度合いを表す指標が出力される。一番左側の**RMSEA**（root mean square error of approximation）は，因子分析モデルとデータのズレ（残差）を表す値であり，0に近いほど望ましく，0.05未満であれば当てはまりは良いとされる。今回のモデルは0.08と当てはまりが良いとまではいえないものの，容認できる基準（RMSEA < 0.1）には収まっている。なお，RMSEAは，90%信頼区間（confidence interval; CI）とともに出力され，信頼区間も併せて報告するのが一般的である。**TLI**（**タッカー・ル**

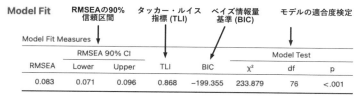

図8.6　因子統計量とモデル適合度

イス指標）は，因子と変数の間の関係性がない，つまり相関がゼロと仮定するモデル（独立モデル）と比べて，因子モデルにおける当てはまりがどの程度改善されているかを表す指標であり，1 に近いほど当てはまりが良いとされる。なお，jamovi の探索的因子分析では出力されないが，同じような発想で算出される指標に CFI（comparative fit index）がある。次に **BIC**（**Bayesian information criteria; ベイズ情報量規準**）は単体では意味をなさず，複数のモデルを比較するときに使われる指標で，モデル間で最も小さい BIC の値となるモデルが最も望ましい。一番右端にある **Model Test**（**モデルの適合度検定**）は，モデルとデータのズレに関するカイ 2 乗検定の結果が書かれている。この適合度検定では，モデルとデータのズレは 0 であるという帰無仮説について検定しているため，検定は有意でないことが望ましい。しかし，サンプル数が多いほど，また変数の個数が多いほど適合度検定は有意になりやすい傾向にあるため，有意であるからといって，即モデルの当てはまりが悪いということにはならない。今回の因子モデルは，RMSEA=.083, TLI = .868 であり，適合度が十分高いとはいえないまでも，概ね容認できるレベルにはあるといえる。

　スクリープロットは，因子の固有値の減衰状況を示すが，平行分析を行った場合，固有値基準で因子数を決めた場合，因子数を固定した場合で微妙に出力が異なる。平行分析を行った場合は，**図 8.7** の A のように，直線で示される因子の固有値と，破線で示されるシミュレーションデータを使った因子の固有値が示される。波線より直線の方が上にくる因子数が選ばれる。B の固有値基準では，設定した基準値が破線で描かれる。C の因子数を固定した場合は，固有値の直線のみが描かれる。

　最後に，因子分析の前提条件の確認（Assumption check）については，**Bartlett's test of sphericity**（**バートレットの球面性検定**）と **KMO measure of sampling adequacy**（**カイザー・マイヤー・オルキンの標本妥当性指標**）の 2 つを出力することができる（**図 8.8**）。バートレット検定は，項目間に因子分析を適切に行うことができるだけの相関関係があるかどうかを見る検定であり，データの相関行列が単位行列である（対角線が 1 でそれ以外の要素が 0 の行列）という帰無仮説に対する検定を行う。この検定が有意であるということは，行列の対角要素以外（つまり任意の 2 変数の相関）に少なくとも 1 つ以上ゼロではない値があるということになる。このデータの場合は，球面

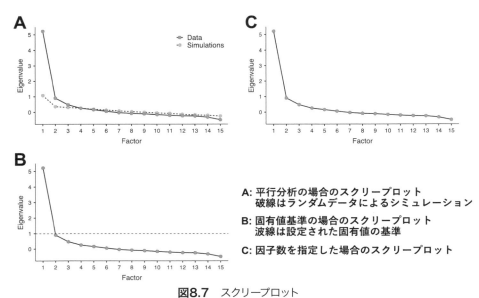

A: 平行分析の場合のスクリープロット
破線はランダムデータによるシミュレーション

B: 固有値基準の場合のスクリープロット
波線は設定された固有値の基準

C: 因子数を指定した場合のスクリープロット

図8.7 スクリープロット

Assumption Checks

Bartlett's Test of Sphericity ← バートレットの球面性検定

χ²	df	p
1764.964	105	<.001

KMO Measure of Sampling Adequacy ← KMO標本妥当性指標

	MSA
全体指標 → Overall	0.886
GCB_1	0.930
GCB_2	0.932
GCB_3	0.786
GCB_4	0.910
GCB_5	0.931
GCB_6	0.901
GCB_7	0.891
個別の項目 → GCB_8	0.774
ごとの指標 GCB_9	0.867
GCB_10	0.939
GCB_11	0.887
GCB_12	0.873
GCB_13	0.902
GCB_14	0.929
GCB_15	0.890

図8.8 因子分析の前提条件の確認

性検定の結果が有意であり，因子分析の前提条件を満たしていることになる。KMO 指標は，変数間の相関と偏相関の情報から算出され，データセットの中に少なくとも１つ以上の集約可能な潜在因子がありそうかどうかを示す。

　KMO 指標は全体としての指標の他に，個別の変数の指標が計算され，いずれも１に近いほど望ましいとされる。特に，0.8 以上は高く，0.7 以上は許容できる水準，0.6 は低いとされ，0.5 を下回る場合は不適切，つまり因子分析を行うべきではないとされている。もし，全体指標が基準値を下回る場合は，個別の指標を見て低い値となっている変数を除いて分析し直すなどした方がよい。このデー

タの KMO の全体指標は 0.886 であり，十分に高い値が得られている。

第4節　確認的因子分析とは

　ここまでの探索的因子分析は，探索，という言葉が示しているとおり，分析に使ったデータから潜在因子を探り出すことを目的としたものであり，そこから得られた因子モデルが正しいということを意味しているわけではない。というのも，一般に探索的因子分析の結果は安定的ではなく，変数を増減したり，別の対象者から得たデータで分析すると異なった因子構造が見出されることがしばしばある。探索的因子分析で得られた因子モデルが正しいかどうかを確かめるために，別のデータをとって再度分析を行いたいと思うのは自然なことであるが，その場合に探索的因子分析を繰り返すのは間違っている。繰り返し述べているように，探索的因子分析の目的は，データから因子を探索的に探り出すものであり，モデルの妥当性を検討するものではないからである。あらかじめ分かっている，または仮定される因子構造が，データと適合しているかどうか，あるいはその因子構造が正しいかどうかを調べるための分析は，確認的因子分析（confirmatory factor analysis）と呼ばれる。なお，confirmatory factor analysis は確証的因子分析と書かれることもある。

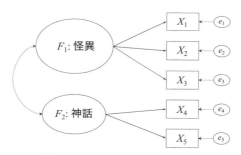

図8.9　確認的因子分析のモデル

　探索的因子分析と確認的因子分析の違いは，モデル図を見れば分かるだろう。例えば，**図8.1** で挙げた妖怪（X_1），鬼（X_2），幽霊（X_3），神（X_4），妖精（X_5）への信奉が，怪異，および神話的超自然存在という2つの因子からなるモデルの場合，$X_1 \sim X_3$ は F_1，X_4，X_5 は F_2 との関係性が強く2因子からなると判断したものの，$X_1 \sim X_3$ は F_2 からの，X_4，X_5 は F_1 からの影響も受けている，すなわちすべての潜在因子がすべての観測変数に影響するモデルである。しかし，このように2つの因子から構成されるというモデルでは，通常，$X_1 \sim X_3$ は F_1 に関する項目であり，X_4，X_5 は F_2 に関する項目であることを含意しており，実際に尺度開発では，因子ごとの測定項目がどれであるかを明らかにすることが目的とされていることが多い。この場合のモデルは，**図8.9** に示されるように，$X_1 \sim X_3$ は F_1 のみから，X_4，X_5 は F_2 のみから影響されるという単純構造を考えていることになる。

　さて，このモデルでは潜在因子が楕円で，観測変数である $X_1 \sim X_5$ の項目は長方形で書かれており，因子と項目の間は単方向の矢印で表されている。一方，F_1 と F_2 の間の矢印は双方向となっており，これは両因子間の共分散（相関）を表している。このように因子と観測変数の間を矢印で繋いだ図をパス図と言う。確認的因子分析では，このパス図で描かれたモデルが，データに適合するかどうかを検討する，すなわち因子モデルでデータをうまく説明できるかどうかを検討する分析であるといえる。この確認的因子分析は，構造方程式モデリング（共分散構造分析）の一部となっている。構造方程式モデリングは，回帰分析（1つの観測変数である従属変数と，1つないし複数の観測変数であ

る独立変数からなり，従属変数の分散を独立変数でどの程度説明できるかを示すモデル），パス解析（観測変数間に自由な因果・共変関係を仮定したモデル），因子分析（潜在変数が観測変数に影響する関係を表したモデル）などを含み，潜在変数と観測変数の双方を，従属変数，独立変数のどちらにも設定できる柔軟なモデルを構築できる。

　これまで構造方程式モデリングは，AMOS などの有償ソフトウェアで行うか，モデルをコンピュータプログラムで書き表して分析するような形でしか実行できなかったが，その一部である確認的因子分析に限られているとはいえ，jamovi はこの分析を驚くほど簡単に実行してくれる。[5]

第5節　jamovi による確認的因子分析

　ここでは，Majima & Nakamura（2020）の Study 1 で行われている確認的因子分析のデータ（Survey1_CFA.csv）を使って確認的因子分析の手順をみていこう。jamovi で確認的因子分析を行うには，**図8.2** にあるように，**Analyses（分析）→ Factor（因子分析）→ Confirmatory Factor Analysis（確認的因子分析）**を選択すればよい。確認的因子分析の設定画面は**図8.10** に示される。

図8.10　確認的因子分析の分析設定画面

最初の時点では因子が1つしかないため，**Add New Factor（因子を追加）**をクリックして必要な数だけ因子を作成する。また，因子の名称は，Factor 1（因子1），Factor 2（因子2），…という名前が初期値になっているので，クリックして適当な名前を入力する。その後，因子に影響される（関連する）項目変数を，それぞれの因子の箇所にドラッグ・アンド・ドロップするか，変数を選択して→をクリックすることで追加する。それでは，Majima & Nakamura (2020) に従って，第1因子をGC，第2因子をETC という名前にし，GC には GCB_1 〜 GCB_15 のうち 3，8，13 を除いた 12項目を，ETC には GCB_3，8，13 を項目として設定しよう。

　次に，**Residual Covariances（残差共分散）**以下の各種オプションについてみていく。残差共分散の設定は，因子では説明しきれない残差（独自性）の間で共分散（または相関係数）を求めたい場合に用いる。残差共分散を設定するということは，因子では説明できない独自性が多い項目同士の間

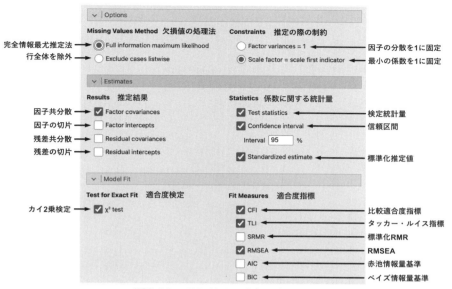

図8.11　確認的因子分析の各種オプション

に関連性（共分散）があることを仮定して，それをモデルに組み込む，言い換えればモデルの改良を意図していることが多い。しかし，残差共分散を多数設定するということは，そもそもモデルで説明できていない独自性同士に相関関係があることを意味しているため，モデルには重要な潜在因子が欠けていることを表すことになる。そのため，このような場合では，モデルそのものを見直した方がよい。残差共分散を設定する場合は，関連性があると想定される変数をペアで指定する。

　その下の **Options**（**オプション**）では，欠損値の処理と，推定のための**制約**条件の設定を行う。**図 8.11** の最上段にあるように，欠損値がある場合の対処方法は，**Full information maximum likelihood**（**完全情報最尤推定法**）を使うか，**exclude cases listwise**（**行全体を除外**）を選んで欠損値を含む行全体を削除する。前者は，欠損値がある場合に，他のデータから推定した値を代入する方法であり，後者は名の示すとおり，欠損値が含まれている行がある場合，その行を分析の対象から除いて計算する方法である。以前は行全体を除外するリストワイズ削除が多く使われてきたが，近年では何らかの形で欠損値を補完して分析するケースが増えてきている。推定の際の**制約**（**constraints**）は，計算結果を収束させるために必要なモデル上の制約であり，確認的因子分析では各因子の分散を 1 に固定する（制約する）か，各因子の最初の項目の因子負荷量（係数）を 1 にするかのどちらかを選ぶ。jamovi の初期値は前者となっているが，後者を選んでもよく，分析の目的によって決めてよい。なお，どちらを選んでも，後述の係数の標準化推定値は同じ値となる。

　2 段目の **Estimates**（**推定値**）オプションでは，因子および各変数の残差の分散，共分散と切片の表示の有無を決める **Results**（**結果**）セクションと，係数と係数に関する各種統計量の表示の有無を決める **Statistics**（**統計量**）セクションの 2 つがある。右側の Statistics セクションでは，係数，すなわち**因子負荷量**についての推定値に関する統計量の表示を制御する。なお，すべてのオプションのチェックを外しても，係数の推定値と標準誤差（standard error; SE）の値は必ず表示される。また，制約オプションで最初の項目の負荷量を 1 にするよう設定していた場合は，因子の最初の項目の負荷量は必ず 1 になる。1 つ目の **Test statistics**（**検定統計量**）にチェックを付けると，係数の推定値が 0 であるという帰無仮説に対する有意性検定の結果（標準得点 Z と，有意確率）が表示される。次の **Confidence interval**（**信頼区間**）にチェックを付けると，係数の信頼区間が表示される。

Confirmatory Factor Analysis

因子→ Factor	Indicator	観測変数 （非標準化）推定値 Estimate	推定値の標準誤差と信頼区間 SE	95% Confidence Interval Lower	Upper	標準得点Zによる検定結果 Z	p	標準化推定値 Stand. Estimate
GC	GCB_1	1.000 [a]						0.627
	GCB_2	0.797	0.102	0.598	0.996	7.840	<.001	0.523
	GCB_4	0.956	0.102	0.755	1.156	9.347	<.001	0.647
	GCB_5	1.057	0.109	0.844	1.270	9.736	<.001	0.673
	GCB_6	0.851	0.094	0.666	1.035	9.033	<.001	0.613
	GCB_7	0.942	0.109	0.729	1.155	8.667	<.001	0.587
	GCB_9	0.656	0.089	0.481	0.830	7.360	<.001	0.488
	GCB_10	0.916	0.106	0.710	1.123	8.682	<.001	0.594
	GCB_11	1.133	0.111	0.916	1.351	10.194	<.001	0.706
	GCB_12	1.099	0.114	0.875	1.323	9.608	<.001	0.678
	GCB_14	0.903	0.107	0.694	1.112	8.466	<.001	0.568
	GCB_15	0.848	0.101	0.649	1.046	8.369	<.001	0.561
ETC	GCB_3	1.000 [a]						0.851
	GCB_8	0.977	0.065	0.851	1.104	15.148	<.001	0.838
	GCB_13	0.745	0.064	0.621	0.870	11.712	<.001	0.679

[a] fixed parameter　固定（制約）されたパラメータ

図8.12　確認的因子分析の係数表

信頼区間の幅を決める信頼水準はデフォルトでは 0.95（95%）になっている。3つ目の **Standard estimate（標準化推定値）** にチェックを付けると，各係数を最大値が1になるよう標準化した推定値が表示される。また，このチェックは一括設定となっており，因子の分散・共分散などの他の指標についても標準化推定値が表示されるようになっている。また，係数の推定値は制約をどちらにしても同じ値が表示される。例えば，**図8.12** は，Majima & Nakamura（2020）と同様に，因子の最初の項目を1に固定した場合の係数の表を示しており，ここではそれぞれの因子の一番最初の項目（GCB_1，GCB_3）の非標準化推定値が1になっている。ここで，因子の分散を1とする制約に変更すると，非標準化推定値の値は変化するが，一番右側の標準化推定値の値はどちらでも同じとなる。

　左側の **Results** セクションは上から順に，因子間の **factor covariance（因子共分散）**，**factor intercepts（因子の切片）**[6]，**residual covariances（残差共分散）**，**residual intercepts（残差の切片）** のそれぞれを出力するかどうかを選択する。分散・共分散は，因子ごとの分散と因子間の共分散の推定値が表示される。このとき，制約として分散を1に固定した場合は各変数の分散推定は当然ながら1となり，因子間の共分散のみが推定されるが，この値は実は因子間相関の値である。一方，因子の最初の変数の負荷量を1に制約した場合は，分散と共分散双方の推定値が表示される。このとき，推定値の出力オプション（後述）の箇所で標準化推定値にチェックを付けた場合に表示される **Stand. Estimate（標準化推定値）** が因子間相関である。例えば，**図8.13** には，最初の変数の負荷量を1に固定した場合（A）と，因子の分散を1に固定した場合（B）の分散・共分散の値が示されている。Aの場合は分散，共分散に関する制約はないため，すべての値について推定値が出力されている。一番右側の標準化推定値は，係数統計量のセクションにある標準化推定値にチェックを付けているときのみ出力される。一方，Bの場合は因子の分散を1に固定しているため，分散の推定値は1となり標準化推定値は出力されない。また，この場合の共分散の推定値は標準化推定値となり，Aの場合の共分散の標準化推定値と同じ値になる。なお，共分散の標準化推定値が因子間相関であ

6）　因子切片とは因子の平均値のことであるが，jamovi 2.2 系列ではこの値は1に固定されるため，いまのところは使い道はない。また残差切片についても，各項目の平均値と標準誤差がそのまま出力されるだけなので，こちらも特に気にしなくてよいだろう。

Factor Estimates

A. 最初の項目の係数を1に制約した場合

Factor Covariances

		推定値 Estimate	標準誤差 SE	95% Confidence Interval		Z	p	標準化推定値 Stand. Estimate
				Lower	Upper			
GC の分散 → GC	GC	0.520	0.091	0.343	0.698	5.737	<.001	1.000
GC と ETC の共分散 →	ETC	0.473	0.071	0.334	0.611	6.671	<.001	0.604
ETC の分散 → ETC	ETC	1.176	0.140	0.902	1.450	8.424	<.001	1.000

※「95%信頼区間」が「95% Confidence Interval」に対応

B. 因子の分散を1に制約した場合

Factor Covariances

		Estimate	SE	95% Confidence Interval		Z	p	Stand. Estimate
				Lower	Upper			
GC	GC	1.000 a ← 1 に固定されている						
	ETC	0.604	0.047	0.512	0.696	12.847	<.001	0.604
ETC	ETC	1.000 a ← 1 に固定されている						

a fixed parameter

図8.13　因子の分散・共分散

る。また，residual covariances（残差共分散）は，残差共分散に何らかの指定をしている場合は残差間の共分散の推定値が表示されるが，その指定をしていない場合は残差の分散のみが表示される。

　3段目の **Model Fit（モデル適合度）** オプションでは，探索的因子分析でもあった**カイ2乗適合度検定**の結果と，**TLI（タッカー・ルイス指標）**，**RMSEA**，**BIC（ベイズ情報量規準）**に加えて，**CFI（comparative fit index; 比較適合度指標）**，**SRMR（標準化 RMR）**，**AIC（Akaike's information criteria; 赤池情報量規準）**の値を出力することができる。CFI，TLI は探索的因子分析でも述べたとおり，1 に近いほど当てはまりが良いことを示す。なお，このデータについては，CFI=0.91，TLI=0.89 となっており，概ね良い当てはまりを示しているといえる。標準化 RMR（standardized root mean square residuals;SRMR）は，因子分析モデルの分散・共分散行列とデータの分散・共分散行列の平均的な差を指標化したもので，RMSEA と同様に 0 に近いほど良く，0.1 以上となる場合は適合が良くないと判断される。今回のモデルについては，SRMR =0.06，RMSEA=0.075 であり，これらの指標についても概ね良い当てはまりを示しているといえる。AIC は BIC と同様に，複数のモデルの間で比較をする際に用いられ，より低い値を示すモデルの方が望ましい。

　4段目の追加出力では，**post-hoc model performance（モデルの事後修正）**と **plot（グラフ）**に関する設定が可能である。モデルの事後修正は，**residual observed correlation matrix（相関行列の残差）**と **modification indices（修正指数）**の2つのオプションがあり，前者は観測データにおける項目変数間の相関係数と，モデルから計算される変数間の相関行列の残差を出力する。このとき，残差が大きい変数の組み合わせがあると赤色で強調表示される。両者の残差が大きいときは，分析モデルにおいてその変数間の関係がうまく説明できていないことになるため，その点を中心にモデルを修正するためのヒントを得ることができる。修正指数は，分析モデルには含まれていない，因子から項目への係数と，項目間の相関（残差共分散）について，基準値を超えるものが赤色で強調表示される。修正指数は，この強調表示されている箇所をモデルに組み込むことによってモデルの適合度が改善される可能性を示している。しかし，だからといって，むやみやたらと修正指数のままにパスを追加するのは考えものである。理由の1つには，パスを追加することによって単純構造が失われたり，または解釈が困難になる可能性があることが挙げられる。さらに，確認的因子分析とは，そもそもが理論的に仮定されるモデルがデータに適合するかどうかを検討する分析であり，モデルを探索することを目的とした分析ではない。そのため，結果が思わしくないからといって，仮説をむやみに変更するべきではない。これらの指標に基づいたモデルの修正は慎重に行うべきだろう。

　最後のオプションであるグラフは，指定されたモデル（パス図）を図示してくれるものであるが，係数や因子間相関の数値は出力してくれないので，確認的因子分析の結果をレポートする際には，この図に係数表から読み取った数値を加えるなどの作業を自分で行う必要がある。なお，第1章で述べたとおり，図は PDF，PNG，SVG，EPS 形式でエクスポートすることができるため，エクスポートしたパス図を画像を編集できるソフトウェアで開いて，係数をテキストとして追加すればよいだろう。

第6節　信頼性分析

　因子分析によって因子を見出した後では，その因子と関連する項目の得点を合計，または平均することによって尺度得点（scale score）を求めることが多い。その際，その因子に関連した項目同士の関連性，特に同種の傾向を測定しているはずの項目間で，回答が同じような傾向を示すかどうか，すなわち回答が安定しているかどうかが問題となる。例えば，図8.9 で考えている怪異的超自然存在の項目として，妖怪，鬼，幽霊への信奉があるが，この3つの項目への回答が同じような傾向を示さずバラバラである場合は，項目間の回答の安定性が低く，3つの項目得点を合成して得た尺度は測定の信頼性が低いことになる。そういった尺度の信頼性について，客観的な指標に基づいて検討するのが信頼性分析である。

　特に心理尺度における項目間の回答の安定性は，内的一貫性または内的整合性と呼ばれ，その指標としては，項目への回答の分散と合計得点の分散をもとに算出されるクロンバックのα係数がよく知られている（しばしば信頼性係数と呼ばれる）。近年はα係数以外にも，因子分析から得られた因子負荷量から信頼性を推定するマクドナルドのω係数と言うものもあり，α係数よりも良い信頼性の推定ができることから，ω係数の使用が推奨されている。jamovi では，これら2つの信頼性指標を算出することができる。それでは，確認的因子分析で使った Majima & Nakamura（2020）の Survey1_CFA データを使って信頼性分析を行ってみよう。

　信頼性分析は，図8.2 に示される因子分析メニューの一番上にある **Reliability Analysis**（**信頼性分析**）を選択する。すると，図8.14 の初期画面が表示されるので，まずは信頼性分析を行いたい変数群を **Items**（**項目**）ボックスの中に入れよう。ここでは，因子分析で見られた ETC 因子と関連した GCB_3，8，13 を使って分析を行っている。

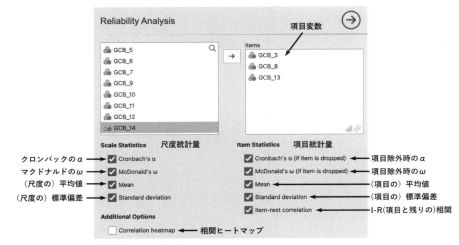

図8.14　信頼性分析のオプション

　信頼性分析のオプションは大きく，**Scale Statistics**（尺度統計量）と **Item Statistics**（項目統計量）の 2 つのカテゴリに分けられ，前者では**クロンバックのα係数，マクドナルドのω係数，尺度項目全体の平均**と**標準偏差**を出力するかどうかを選択できる。後者では，それぞれの**項目除外時のαとω係数，項目ごとの平均**と**標準偏差，項目とそれ以外の項目全体との相関係数（I-R 相関）**の出力を切り替えることができる。

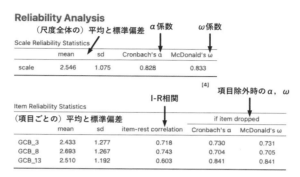

図8.15　信頼性分析の結果

　信頼性分析の結果は**図 8.15** のように出力される。上段の **Scale Reliability Statistics**（尺度信頼性統計量）には，尺度項目全体の平均と標準偏差，クロンバックのα係数，マクドナルドのω係数が出力される。信頼性係数は，0.8 以上あることが望ましく，0.7 以上であれば容認できるレベルとされるが，陰謀論信念尺度の地球外生命体因子は，α，ωともに 0.8 より高く（それぞれ，0.828，0.833）十分な内的一貫性のレベルにあることが分かる。下段の **Item Reliability Statistics**（項目信頼性統計量）の表には，項目ごとの平均，標準偏差に加え，項目とそれ以外の項目との間の相関係数（I-R 相関），その項目を除いたときの残りの項目におけるα，ω係数が出力される。α，ωについては，尺度全体の係数と比べて，項目を除いたときの方の係数が大きければ，その項目は内的一貫性を低くする項目であるといえ，その場合は残りの項目との間の相関係数も低くなる。そのような項目がある場合は，その項目は尺度から除いた方がよい場合があるが，今回の 3 つの項目の中にはそのような項目はないことが分かる。また上の例では値を算出していないが，GCB_3，8，13 を除いた 12 項目からなる GC 尺度についても，同様に全体のα，ω係数（共に 0.874）よりも残りの項目の係数の方が大きくなるような項目はなく，項目の内的一貫性が高いといえる。

　追加オプションの **correlational heatmap**（相関ヒートマップ）は，項目間の相関行列を，係数の値が高いほど色濃く示した図を出力する。ヒートマップは，相関係数の正負の方向と絶対値の大きさを，色の違いや濃淡で表現した図であり，他の項目との相関が弱い項目を視覚的に把握しやすくする。

第 7 節　まとめ

　第 8 章では，因子分析を jamovi で行う方法について説明した。因子分析には，観測データから，その背後にある潜在因子を探る探索的因子分析と，事前に仮定した因子モデルがデータに適合するかどうか，すなわち因子モデルの妥当性を検討する確認的因子分析の 2 つがある。それぞれは，目指すところが違う分析であり，目的に応じて使い分ける必要がある。しかし，筆者の見る範囲では，特に先行研究で使われている心理尺度の妥当性を検討するという目的で，誤って探索的因子分析を行う事例がしばしば見られる。これは，因子分析についての理解が足りていないことが最大の理由であると考えられるが，特に確認的因子分析を行うための使いやすいソフトウェアがなかったことも分析の

誤用を促進する理由の1つであったと思われる。jamoviは，この探索的因子分析と確認的因子分析を簡単に行うことができる優れた分析ツールであるので，本章で説明した方法をもとに，正しい分析を行ってほしい。なお，本章では，因子分析の数理的な部分の説明は極力排して，ソフトウェアの操作を中心に，その操作をするうえで最低限必要な用語の解説のみを行った。探索的因子分析や確認的因子分析は，多変量解析の中に含まれる分析であり，分析の背景理論には線形モデルや行列計算など，数学に苦手意識をもつ学習者がつまずきやすい概念が含まれているため，初学者にはやや難解なところもある。しかしながら，初心者向けに書かれた優れた解説書もいくつかあるので，それらの概念の学習と平行しながら分析パートをjamoviで行うなどして，学習を進めていくとよいだろう。

引用文献

服部 環 (2010). 現代の探索的因子分析における技術的選択肢　筑波大学心理学研究, *39*, 11–24.

Majima, Y., & Nakamura, H. (2020). Development of the Japanese version of the Generic Conspiracist Beliefs Scale (GCBS-J). *Japanese Psychological Research, 62,* 254–267.

参考図書

　本章では，紙幅の制限もあり，因子分析の数理的な側面についての説明は省略した。しかし，因子分析は，因子の抽出や回転の方法の選択，抽出された因子の解釈など分析者の裁量による部分が大きく，実際に分析を行うにあたっては，分析の手法に関する正しい知識を持っている必要がある。因子分析で出てくる用語や，その数理的な背景については，以下の書籍などを参考に学習するとよいだろう。

小杉 孝司 (2018). 言葉と数式で理解する多変量解析入門　北大路書房

松尾 太加志 (2021). 数式がなくてもわかる！Rでできる因子分析　北大路書房

第9章　jamovi の拡張

　　ここまでの章で説明したことをマスターすれば jamovi の基本的な機能は使いこなせるはずである。しかし，jamovi に可能な分析は，これだけではない。標準にはない機能を追加することで，分析の幅を広げることができる。jamovi には拡張機能がモジュールという形で用意されており，日々新たなモジュールが追加されている。この章では，そのようなモジュールのいくつかをピックアップして，解説しよう。なお，ここで紹介するモジュールは，原稿執筆時点でのバージョン 2.2 下のものであるため，必ずしもあなたが今使っているバージョンでは使えないものも含まれているかもしれない。その点はご容赦願いたい。

第1節　利用可能なモジュールとモジュールのインストール

　　jamovi のモジュールの管理は，**Modules（モジュール）** とある画面右上の大きな十字の記号のボタンをクリックして行う。クリックして開かれるポップアップメニューの一番上には，利用可能なモジュールの一覧を表示する **jamovi library（jamovi ライブラリ）**，インストールされたモジュールの一覧を表示する **Manage installed（モジュール管理）** の2つのメニューが並んでいる（**図9.1**）。なお，その下にもインストールされているモジュールの一覧が並んでおり，特定のモジュールをクリックすると，そのモジュールで利用可能な分析メニューが表示される。また，それぞれのモジュールをメニューとして表

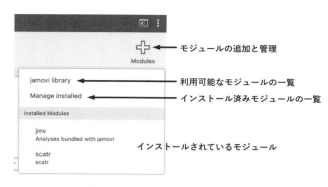

図9.1　jamoviのモジュール管理

図9.2　利用可能なモジュールの一覧

図9.3　インストールされたモジュールの一覧

示するかどうかのチェックボックス，**Show in main menu（メインメニューに表示）**もある。
　jamovi library と Manage installed は，同じモジュール一覧表示の画面を開くことになり，タブによって表示が切り替わる（**図9.2**）。**Installed（インストール済）**のタブをクリックするとインストールされたモジュールの一覧が，**Available（利用可能）**をクリックすると，インストールされたものを含んだ，すべてのモジュールのリストが表示される。なお，インストール済みのモジュールは**INSTALLED（インストール済）**と書かれているが，未インストールモジュールは，**INSTALL（インストール）**という表記になり，ここをクリックするとモジュールをインストールすることができる。なお，モジュールは，公式サイトからダウンロードしてインストールされるため，インターネットに接続されていないとモジュールのインストールはできないことに注意する必要がある。
　インストールされたモジュールの一覧表示では，インストールされたモジュールのそれぞれに，**HIDE（隠す）**，**REMOVE（削除）**というボタンが表示される（**図9.3**）。削除を選択した場合は，モジュールがアンインストールされるが，「隠す」を選んだ場合は，削除ではなく一時的に表示しなく

なる。隠されているモジュールには，**HIDE** の代わりに **SHOW**（**表示**）というボタンが表示されるので，そこをクリックすると再度メニュー上に表示されるようになる。また，モジュールによっては，削除ボタンがないものがある。これは，デフォルトでインストールされる初期モジュールであり，このモジュールは隠すことはできるが，アンインストールすることはできないので注意してほしい。数多くモジュールがあると表示が煩雑になるので，自分が使う分析の必要性に応じて，適切なモジュールの表示を切り替えて使えばよいだろう。

第 2 節　jamovi で利用可能な拡張モジュール

それでは，ここからは，いくつかのモジュールについて簡単に紹介していこう。

scatr: 散布図

scatr は，jamovi1.8 以前では拡張モジュールとして用意されていたが，1.8 以降のバージョンでは正式なモジュールとして初期インストールされるようになった。scatr は，**Analyses**（**分析**）タブにある **Exploration**（**探索**）から **Scatterplot** を選択すると使うことができ，指定した 2 変数について散布図（scatter plot）を作成する。分析オプションとして図に回帰分析による予測直線・曲線と標準誤差（Standard error），データの分布を示す密度曲線，または箱ヒゲ図を追加できる（**図9.4**）。予測線については，**linear**（**回帰直線**）と **smooth**（**回帰曲線**）のいずれかを選択できる。また，分布を示す密度曲線（density）などを追加することもできる。**図9.4** の例の場合，回帰直線と標準誤差を散布図中に描き，密度曲線のプロットが追加されている。

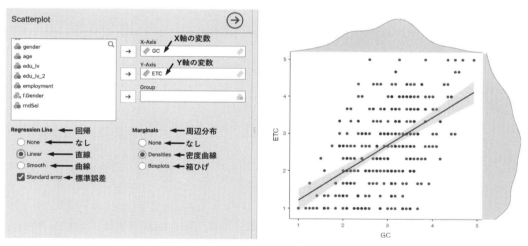

図9.4　Scatterplotで作成される散布図

Rj: 任意の R コードの実行

Rj editor は，jamovi 上で任意の R コードを実行することができるコマンドプロンプトを提供する。Rj editor は，**Analyses**（**分析**）タブにある R と書かれたボタンをクリックすると起動する（**図9.5**）。左側にある大きいな白い領域がコマンド入力ウィンドウである。ここに，R コマンドを入力する。コマンドを入力したら，入力ウィンドウの右上にある実行ボタン（緑色の▶）をクリックする

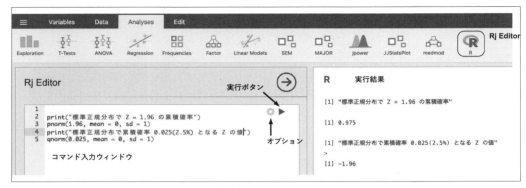

図9.5 Rj Editor

と，結果ウィンドウに実行結果が表示される。なお，例では，標準正規分布における$Z=1.96$の累積確率と，累積確率0.025（2.5%）となるZ値を求めるために，pnorm()，qnorm()関数を実行している。実行ボタンの左にある歯車のボタンをクリックすると，オプションを指定できる。用意されているオプションは，**Show output only（結果のみを出力）**，**code and output（コマンドと結果を同時に出力する）**の選択，図のサイズ（**width, height**），R環境をjamoviと一緒にインストールされたものを使う（**jamovi R**）か，システムにインストールされているR（**Syetem R**）かの選択である。ちょっとした計算をしたり，jamoviにはない分析をするのに意外と役にたつモジュールである。ただし，最低限の機能しかないため，使い勝手の面では少し物足りないのは事実である[1]。

jpower: 検定力分析（power analysis）

現時点では，t検定のみではあるものの，jamoviでも検定力分析（power analysis）を行うことができる。検定力は，母集団において無視できない平均値の差や相関があるとき，すなわち帰無仮説が正しくないときに，帰無仮説を棄却できる確率値として表される。一般には，帰無仮説が正しくないにもかかわらず棄却できない確率をβで表し，検定力は$1-\beta$として表される。検定力は，一般には統計学者のCohenの勧めに従い0.8を確保することが求められている。なお，検定力は，サンプル数，有意水準（α），効果量の関数として決まるため，例えば，達成したい検定力を0.8に設定したうえで，有意水準と想定される効果量から，検定力を達成するために必要なサンプル数を求めることができる。この検定力分析は，研究を行う前に必要なサンプル数を求めることになるため，事前の検定力分析（a priori power analysis）と呼ばれている。一方，データを取り終えた後で，データから計算された効果量，有意水準，サンプル数から達成された検定力を求める分析は，事後の検定力分析（post-hoc power analysis）と言う。近年の科学的知見の再現性問題においては，適切なサンプル数を求めてからデータ取得を行うことが，検定力が低いことによる再現性の低下を避けるだけではなく，p値ハッキング（p-hacking）などの望ましくない研究行為（questionable research practices; QRPs）を避ける観点からも望ましいとされており，事前の検定力分析が重視されている。

それでは，ここでは事前の検定力分析を行ってみよう。検定力分析はjpowerモジュールで行うことができる。このモジュールで可能な検定力分析は，現時点では平均値に関する検定（t検定）のみであり，**Independent Samples T-Test（対応なしt検定）**，**Paired Samples T-Test（対応ありt検定）**，**One Sample T-Test（1標本t検定）**の3つから選択することができる。例えば，対応なし

---

1) 例えば，Rの統合的な開発環境であるRStudio（https://www.rstudio.com/products/rstudio/）などに比べると，コマンド補完機能がない，画面が複数ペインに分かれておらずすべてを一画面で操作しなければならないなど，かなり使い勝手は悪い。本格的にRを使う場合は，別途RStudioを導入したほうがよいだろう。

t 検定の検定力分析を選択した場合は，**図 9.6** のような設定画面となるが，他のメニューを選んでも概ね同じような画面となる。最上段にある **Calculate（計算）** のドロップダウンでは，行いたい検定力分析の種類を選択する。図にある **N per group**，すなわち群ごとのサンプル数を求める分析は，事前の検定力分析に相当する。この場合，サンプル数 N 以外の項目を設定して，必要なサンプル数を求めることになるため，下の **N for group1** の入力ボックスで数値を入力できない。ドロップダウンで **Power** を選択すると，**Minimum desired power（最低限必要な検定力）** のボックスが入力不可となり，他の項目に入力した値から検定力を求める，すなわち事後の検定力分析を行うことになる。これら 2 つの分析の他に，効果量（Effect size）を求める分析がある。

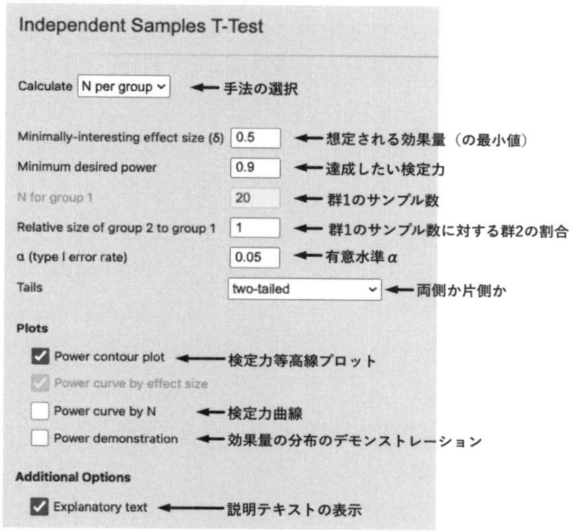

図9.6　独立な2群の t 検定の検定力分析

　Calculate 以下の入力欄には，それぞれ必要な値を入力する。事前の検定力分析の場合は，**Minimally-interesting effect size**（δ，**想定される最小限の効果量**），**Minimum desired power（最低限必要な検定力）**，**type I error rate（第 1 種の過誤の確率＝有意水準**）を入力し，両側検定の場合は two-tailed，片側検定の場合は one-tailed を選択する。**Relative size for group 2 to group 1（群 1 のサンプル数に対する群 2 の相対的サイズ）** のボックスには，群 1 と群 2 のサンプル数が異なる場合に，群 1 のサンプル数に対する群 2 の比を入力する。例えばここで 0.5 とした場合は，必要なサンプル数として群 1 と群 2 の人数比が 2:1 になるように求められる。なお，この検定力分析は平均値差の検定であるため，効果量 δ には，Cohen's d の値を入力する。事前分析の場合は，

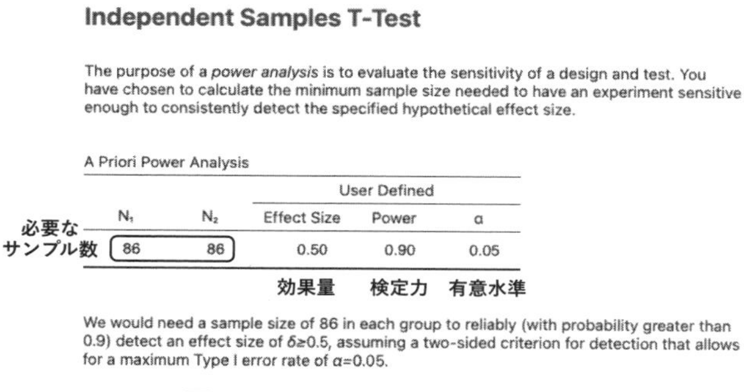

図9.7　事前の検定力分析

効果量は予想される値を入力することになるが，先行研究から想定される値（の最小値）を入れるか，一般的な目安として Cohen の基準に則って，d=0.2（効果量小），または 0.5（効果量中）といった値を入力することもある。また，jpower では，効果量に関するさまざまなプロットを出力することもできるが，さしあたり，プロットなしでも必要な結果は得られる。**図 9.7** の例の場合，効果量 δ =0.5，検定力 0.9，有意水準 α =0.05 で，必要なサンプル数を求めた結果，N=192（2 群のそれぞれで N=86 ずつ）のサンプルが必要であることが分かる。

SEMLj: 構造方程式モデリング（Structural Equation Modeling）

構造方程式モデリング（structural equation modeling; SEM）は，重回帰分析，パス解析，因子分析などを含む多変量解析を統合した分析手法，ないし統計モデルであり，測定方程式（共通の潜在変数が複数個の観測変数に影響する様子を表す方程式，因子分析のモデルに相当）と構造方程式（変数が別の変数に影響する様子，言い換えれば因子間の因果関係を記述する方程式，回帰分析的なモデル）によって，変数間の関係を総合的に分析する手法である。そのため，変数には，観測変数だけではなく，直接観察されない潜在変数（因子）も扱うことができる。

SEM において，他の変数から影響を受けていない（と仮定される）変数は外生変数（exogenous variable），1 つでも他の変数から影響を受けている（と仮定される）変数を内生変数（endogenous variable）と言う。外生変数は，回帰分析でいうところの説明変数（独立変数）に相当し，内生変数は目的変数（従属変数）に相当する。ただし，内生変数であっても，別の内生変数の説明変数になることはある。SEM の詳細は他に譲りたいと思うが，jamovi では，この SEM を比較的単純に実行することができる。これまで，SEM は Amos などの高価な有償ソフトウェアを用いて行うことが普通だったが，SEMLj は，統計ソフト R における SEM 用のパッケージとして知られる lavaan をベースに，jamovi 上で SEM の実行環境を提供する。

それでは，SEMLj パッケージのチュートリアルでも解説されている PoliticalDemocracy データを使って SEM での分析をしてみよう。データの詳細は公式ヘルプページなどを参照してもらいたい。[2]

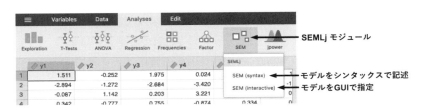

図9.8 SEMLjモジュールの分析メニュー

データを読み込んだ後で，**Analyses** タブにある SEM とラベルが付いたボタンをクリックすると，2 つの選択肢が表示される。1 つ目の **SEM（syntax）**は，R の lavaan と同じように，分析モデルをシンタックスで指定する方法，2 つ目の **SEM（interactive）**は，モデルを GUI を使ってインタ

---

2) PoliticalDemocracy データ（以下 PD データ）は，lavaan のドキュメントページ（https://www.rdocumentation.org/packages/lavaan/）にある PoliticalDemocracy で説明されている。SEMLj パッケージのweb サイト（https://semlj.github.io/）では，この PD データを使った分析の解説がされているものの，SEMLj をインストールすると，サンプルデータとしては，なぜか pathjdata という異なるデータがついてくる。PD データは，R の lavaan パッケージにも付属しているため，そちらから CSV などに出力して入手するか，GitHub 上の lavaan のプロジェクトサイト（https://github.com/yrosseel/lavaan）にある data フォルダ（https://github.com/yrosseel/lavaan/tree/master/data）から PoliticalDemocracy.rda ファイルをダウンロードして使うとよい。拡張子 .rda は，R のデータファイルを示すが，jamovi では，拡張子が .rda の場合に R のデータとして認識してくれないので，拡張子を .RData に変更，すなわちファイル名を PoliticalDemocracy.RData とする必要がある。

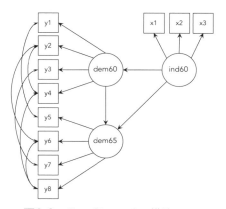

図9.9 サンプルデータの構造モデル

ラクティブに指定する方法である。結果は同じであるので，どちらか慣れている方法を使うのでよい。ここでは，後者のインタラクティブな方法についてみていこう。

PoliticalDemocracy データセットで考える分析モデルは，**図 9.9** のとおりである。このモデルでは，ind60 因子（潜在変数）が $x_1 \sim x_3$ という観測変数に影響し，dem60 因子は $y_1 \sim y_4$，dem65 因子は $y_5 \sim y_8$ に影響するという測定方程式と，ind60 が dem60，dem65 へ，dem60 が dem65 へ影響するという構造方程式から構成されている。したがって，このモデルでは外生変数は ind60 のみ，それ以外の変数はすべて内生変数となる。また，y_1-y_5，y_2-y_4，y_2-y_6，y_3-y_7，y_4-y_8，y_6-y_8 の間には共分散，すなわち変数間の相関を仮定している。なお，構造方程式モデリングでは，観測変数を長方形，潜在変数を楕円で書くのが慣例であり，一方向の矢印は因果関係，双方向の矢印は共変（相関）関係を表す。また，内生変数は他の変数から影響を受けるが，その変数の影響では説明のできない残差もあるため，内生変数には必ず誤差変数が付随するが，**図 9.9** では省略されている。

では，**SEM（interactive）**メニューから，図のとおりのモデルを指定していこう。初期画面の変数セクションでは，潜在変数を **Latent Endogenous Variables（潜在的内生変数）**と **Latent Exogeneous Variables（潜在的外生変数）**を分けて指定する（**図 9.10**）。いずれの場合も，潜在変数の名前を一番上で入力した後で，その潜在変数に影響される観測変数をまとめてドラッグアンドドロップ，または→をクリックして追加する。これは，測定方程式の定義にあたる。次に，**Endogenous model（内生変数のモデル）**セクションで，内生変数ごとに構造方程式を指定する。

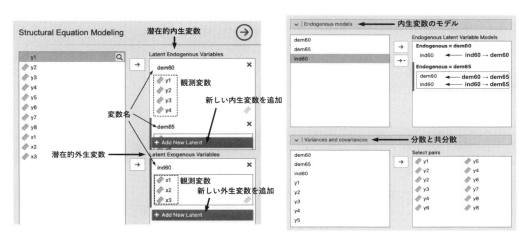

図9.10 SEMLjでのモデルの指定

図 9.10 の例の場合，図 9.9 にあるとおり，dem60 は ind60 から，dem65 は ind60 と dem60 から影響を受けているので，それぞれ追加する。さらに，**Variances and Covariances（分散と共分散）**セクションで，変数間の共分散を指定する。今回は，図 9.9 にあるとおり，y_1-y_5，y_2-y_4，y_2-y_6，y_3-y_7，y_4-y_8，y_6-y_8 の間に共分散（相関）を追加する。共分散の指定は，対になる 2 つの変数を選び→をクリックして，ペアとなるように設定する。

　次の **Custom model setting（モデルのカスタム設定）**には，モデルに何らかの制約を課す（あるいは制約を緩める）場合に，その指定を行う。モデルの制約条件については，共分散構造分析に関する理解が必要となるので，書籍などを参考に必要な設定を行ってほしい。なお，この制約条件の記述は，R の lavaan パッケージのシンタックスが使われるが，シンタックスのサンプルは，**Output options（出力オプション）**にある **Show syntax examples（シンタックスの例を表示）**にチェックを付けると表示されるので，それを参考に記述するとよいだろう。その下の **Model Options（モデルオプション）**では，パラメータ推定の方法（**Method**）と，Constraints tests（制約についてのカイ 2 乗検定）を指定する。パラメータ推定の方法としては，最尤法，重みづけ最小 2 乗法などが使えるが，**Automatic（自動）**を選んでおけば最適な方法を選択してくれる。また，**Parameters options（パラメータオプション）**では，パラメータ推定の際に設定できるオプションが多く用意されている。多母集団分析（multi-group analysis）を行う場合は，変数選択セクションにある **Multigroup Analysis Factor（多母集団分析因子）**にグループ変数を指定するとともに，**Multi-group analyses（多母集団分析）**セクションで，グループ間で等値制約を置くかどうかを設定する。

　Output options（出力オプション）では，適合度などを出力する **Additional outputs（追加の出力）**，R-squared（R2 乗値），Covariances and correlations（変数間の共分散・相関），Modification indices（修正指数）を出力するかどうかを選択できる。また，パラメータのラベルや，シンタックスの例もここで出力を選択する。一番下にあるオプションは，パス図（Path diagram）の出力オプションであり，**Path diagram（パス図）**にチェックを付けるとパス図が出力される。パス図に示すテキストとして，**Coefficients（非標準化係数）**，**Betas（標準化係数）**，**Labels（パスの**

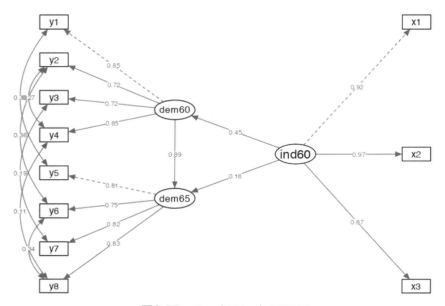

図9.11 サンプルデータのパス図

ラベル）を選択できるが，None を選ぶと何も表示されない。また，図のレイアウトや，変数の形状
なども選択できるので，いろいろと試してみてほしい。サンプルデータのパス図は，**図9.11** のよう
になる。

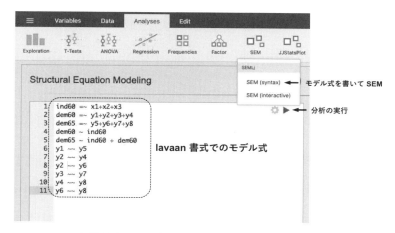

図9.12　SEM（syntax）でのモデル式の記述

　なお，**SEM**（**syntax**）で分析を行う場合は，**SEM**（**interactive**）で，変数を選択して行ってい
たモデルの指定を，シンタックスで入力する点が異なる。例えば，**図9.9** のモデル式をシンタック
スで入力する場合は，**図9.12** のようになる。モデル式は，lavaan パッケージの書式で入力し，=~
は測定方程式を，~ は構造方程式を表している。また，~~ は共分散を指定する式である。モデル式
をシンタックスで入力する以外のオプションは **SEM**（**interactive**）と同じ方式で指定する。なお，
SEM（**interactive**）では，変数を選択すると自動で分析が開始されるが，**SEM**（**syntax**）では，
モデル式を入力した後で，右上にある緑色の ▶（分析実行）ボタンをクリックする必要がある。

MAJOR: メタ分析（Meta-analysis）

　メタ分析とは，複数の研究から得られた結果（統計量）を総合する分析であり，特にサンプル数に
依存しない効果量などを統計的に統合して分析する手法である。統計ソフトウェアの R には，メタ
分析用のパッケージとして metafor パッケージがあり，MAJOR は，それを jamovi で行えるように
したものである。

　以下では，MAJOR モジュールに付属しているサンプルデータの中から，相関係数のメタ分析の
データ（Molloy2014; Molly, O'Carroll, & Ferguson, 2014）を使ってメタ分析を行ってみよう。jamovi
と，そのモジュールに付属している分析用サンプルデータは，ファイルメニューから **Open**（**開く**）

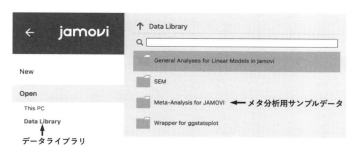

図9.13　サンプルデータを開く

を選ぶときに，その対象として，ローカルPC（This PC）ではなく，データライブラリを選ぶ必要がある（**図9.13**）。メタ分析用のサンプルデータは，Meta-Analysis for JAMOVI というフォルダ内にあるので，その中にある Molloy2014 meta-analysis of correlation coefficient というデータを開いてみよう。

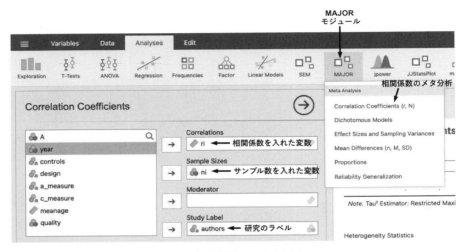

図9.14 相関係数のメタ分析メニュー

　相関係数のメタ分析は，メニューの一番上にある **Correlation Coefficients**（相関係数）を選択する（**図9.14**）。他のメニューとしては，**Dichotomous Models**（2値変数のリスク比），**Mean Differences**（平均値差），**Reliability Generalization**（信頼性係数，すなわちクロンバックの α 係数）などのメタ分析を行うことができる[3]。相関係数のメタ分析では，変数選択の **Correlation** ボックスに研究ごとの相関係数を入れた列変数，**Sample Sizes** ボックスに研究ごとのサンプル数を入れた列，**Study Label** に研究を区別することができるラベル（文字）変数を指定する。

　では，Molly2014 データについて，相関係数のメタ分析を行ってみる。このメタ分析データは，ビッグファイブ・パーソナリティの誠実性（Conscientiousness）と服薬アドヒアランス（medication adherence）との関連性を検討した16個の研究から得られた相関関係，サンプル数などを収めている。それでは，**図9.14** にあるように，相関係数を入れた変数 r_i を Correlation，サンプル数を入れた変数 n_i を **Sample Sizes**，研究を識別するラベル変数である authors を **Study Label** に入れてみよう。

　分析の結果は，**図9.15** のとおりとなる。最初に表示されているのが，研究を統合した相関係数の推定値と，その信頼区間である。図の結果から，推定された相関係数の値が.150（*SE*=.032），95% CI [.088, .212] であることが読み取れる。信頼区間がゼロをまたいでいないため，メタ分析の結果から誠実性と服薬アドヒアランスの間に正の相関があるといえそうだが，その効果はそれほど大きくはないようである。効果量の推定結果の下には，研究間の結果の一貫性に関する各種指標（異質性統計量）が出力される。例えば，コクラン Q 検定が有意であれば異質性が高い，また，I^2 統計量が50%を超えると異質性が高いといわれている。したがって，今回のデータの場合，全体的には弱い正の相

---

3) ここに挙げた例は，付属のサンプルデータで実施可能なメタ分析である。データの詳細は，Rの metafor パッケージの公式ドキュメントを参照してほしい。

Correlation Coefficients (r, N)

Random-Effects Model (k = 16)

統合された相関係数の推定値 → Estimate　　　信頼区間 → CI Lower Bound / CI Upper Bound

	Estimate	se	Z	p	CI Lower Bound	CI Upper Bound
Intercept	0.150	0.032	4.750	<.001	0.088	0.212

Note. Tau² Estimator: Restricted Maximum-Likelihood

[3]

Heterogeneity Statistics ← 異質性統計量

Tau	Tau²	I²	H²	R²	df	Q	p
0.090	0.0081 (SE= 0.0055)	61.73%	2.613	.	15.000	38.160	<.001

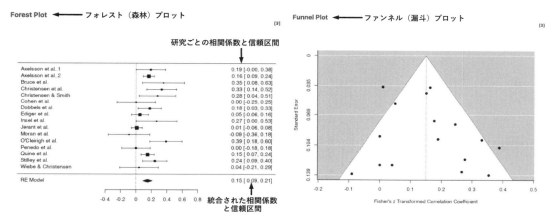

図9.15　相関係数のメタ分析結果

図9.16　フォレスト（森林）プロットとファンネル（漏斗）プロット

関が見られているが，研究によってはゼロ，あるいは負の相関になるようなものもあったことが推測される。そのことを表すのが，異質性統計量の表の下に出力される，フォレストプロットである。

フォレスト（森林）プロット（forest plot）は，研究ごとの相関係数と信頼区間を縦方向に並べ，最後に推定された全体の相関係数と信頼区間を示す。フォレストプロットの下には，横軸に相関係数を *Z* 変換した値を縦軸に標準誤差やサンプル数などをとって各データを描いた，ファンネル（漏斗）プロット（funnel plot）が出力される（**図 9.16** 右）。フォレストプロットは，研究で得られた効果量の分布と，推定された統合的効果量を一目で確認することができる。ファンネルプロットは，出版バイアスの有無の判定に使われることが多い。出版バイアスとは，有意な結果が見られない研究がさまざまな理由で表に出てこなくなる研究結果の偏りであり，平均値差や相関が過大評価される危険性に繋がる。ファンネルプロットにおいて，効果量がゼロ付近の研究が著しく少ない場合は，出版バイアスの可能性が高いことを意味しており，そのことを踏まえた考察が必要となる。

メタ分析については，前述の通り本書では紙幅の制限もあり，その詳細な説明は他に譲りたいと思うが，さまざまな手法について学習をしたうえで，jamovi での分析に挑戦してもらいたい。

第３節　その他のモジュール

この章では，追加インストールによって利用できるようになる拡張機能（モジュール）を紹介し

た。例えば，構造方程式モデリングによる分析を行える SEMLj モジュールは，これまで高額な有償のソフトウェアを使うか，無償だが一定程度のプログラミングスキルを要求されるソフトウェアでしかできなかった分析を，直感的な操作で行うことを可能にする。また，検定力分析やメタ分析は，今後ますます重要となる分析であり，それらを日常的に使うソフトウェア上でそのまま行うことができるのは大きな利点であるといえる。

　jamovi には，上に挙げた他にもさまざまなモジュールがある。例えば，jamovi は頻度論統計の分析を中心としているため，デフォルトの状態ではベイズ分析を行うことはできない。しかし，jsq というモジュールを導入することでベイズ分析が可能になる。jsq に含まれる分析は，独立したモジュールメニューとしてではなく，デフォルトパッケージに含まれる t 検定（T-Test），分散分析（ANOVA），回帰（Regression），頻度（Frequencies）メニューにベイズ分析の手法を追加する。ちなみに，jsq モジュールは，JASP の開発チームにより提供されている。他にも，一般化線形混合モデルを可能にする gamlj や，デフォルトの作図機能を拡張して多様なグラフを作成する jjstatplot などさまざまなモジュールが用意されている。また，モジュールは，日々新しいものが開発され，既存のモジュールも更新されているので，用途に応じてさまざまなモジュールを試してみるとよいだろう。

引用文献

Molly, G. J., O'Carroll, R. E., & Ferguson, E. (2014). Conscientiousness and Medication Adherence: A Meta-analysis. *Annals of Behavioral Medicine, 47,* 92–101. <https://doi.org/10.1007/s12160-013-9524-4>

参考図書

　共分散構造分析を行う SEMLj モジュールは，R の共分散構造分析用のパッケージである lavaan がもとになっている。lavaan パッケージによる共分散構造分析は，以下の書籍などを参考にしてほしい。
小杉 孝司・清水 裕士（編著）（2014）．M-plus と R による構造方程式モデリング入門　北大路書房
緒賀 郷志（2019）．R による心理・調査データ解析［第 2 版］　東京図書

　検定力分析やメタ分析について，統計学的な基礎を学ぶには，以下の書籍が参考になるだろう。
南風原 朝和（2014）．続・心理統計学の基礎——統合的理解を広げ深める——　有斐閣

　メタ分析を行う MAJOR モジュールは，R の metafor パッケージがもとになっている。metafor パッケージの公式ドキュメントは，https://www.metafor-project.org/ の Documentation and Help セクションに置かれている。ここにも挙げられているが，metafor の原著論文は以下のとおりであるので，併せて参照するとよいだろう。また，インターネットで検索すると，日本語で書かれたサイトもヒットするはずである。
Viechtbauer, W. (2010). Conducting Meta-Analyses in R with the metafor package. *Journal of Statistical Software, 36,* 1–48. <https://doi.org/10.18637/jss.v036.i03>

あとがき

　これまで大学教育などでは SPSS や Amos をはじめとした商用統計ソフトウェアが中心的に利用されてきた。これらは GUI により直感的な操作が可能であり，教育場面で普及してきたため解説書も多い。しかし，個人で購入するにはソフトが高価であり，せっかく大学で分析手法を学んでも，大学を卒業した後で，このソフトを使い続けられる人はけっして多くはないだろう。これは学校教育と社会の接続という点で見れば大きな損失である。jamovi は無料で利用が可能であるし，使いやすい GUI を備えている。これにより在学時代に学んだ統計的な知識や技術を，卒業後も jamovi を使って気軽に発揮することが期待できる。また，jamovi のアップデートの速度には目を見張るものがある。本書の執筆開始時には 1.6 系列だったバージョンが，執筆の終わる 2022 年 2 月には solid 版で 2.2 系列，current 版で 2.3 系列へと発展している。2.3.0 のバージョンからはメニューや出力の表記が日本語にも対応した（言語の切り替えは第 1 章 7 節に述べられているオプションを開けば任意に変更できるようになった）。今後もさまざまな分析の追加や，より使いやすいソフトウェアとしての改善が図られていくに違いない。

　加えて，編者らは jamovi から，統計ソフトウェア R への接続も期待している。R はキャラクターユーザーインターフェース（CUI）を採用しており，R 言語によって構成されるコマンドを入力することで統計分析を行う。jamovi の裏で動いている分析エンジンはこの R である。そのため，jamovi で分析できるものはすべて R で実行可能であるし，jamovi に実装されていないさまざまな分析を R では利用可能である。jamovi の利用で物足りなさを覚えたユーザーには次のステップとして R の利用を勧めたい。第 9 章で紹介したように，jamovi でも任意の R コードを実行できる。分析の再現や繰り返しに CUI は最適である。jamovi を足掛かりに R での分析を習得すればより効率的に，より適切な分析ができるようになるかもしれない。最初はプログラムの入力に戸惑うかもしれないが，試行錯誤，悪戦苦闘しながらもプログラムどおりに分析ができるようになっていく過程は思いのほか面白いものである。

　本書は統計ソフトウェアである jamovi の活用方法について，主に心理学分野でよく用いられる方法に限定して解説してきた。数ある統計のテキストの中から本書を手に取り，利用してくれた方は，まさに統計を学ぼうとしている初学者や，統計を実生活に役立てようとする実践家であろうと思う。本書を手に繰り返しさまざまな分析を学んでほしい。勉強するという過程には反復が重要であることを本書の執筆から実感した。本書の構成にあたってはさまざまなテキストや論文を読み直し，自身の理解の修正と再確認の作業を繰り返した。jamovi がアップデートされてさまざまな機能を備えていくように，自身の知識や理解に常に疑いを持ちアップデートを続けて知識や技術を更新していかなければならない。統計を学び，それを活用しようという学習者にとって，本書がその反復学習の供になれると幸いである。本書を土台に適切な統計的知識の獲得や高度な統計的分析に挑戦する人が増えれば，それは望外の喜びである。最後に，jamovi の開発チームおよび本書の編集を担当していただいたナカニシヤ出版の宍倉由高・吉田千恵両氏に感謝申し上げる。

2022 年 2 月
各地に先駆けて春一番の吹いた金沢にて　　　　　　永井 暁行

索　引

❖ 著者紹介 (＊印は編者)

眞嶋 良全 (まじま よしまさ) ＊
北星学園大学社会福祉学部教授
〔執筆担当〕第 1 章・第 8 章・第 9 章

永井 暁行 (ながい あきゆき) ＊
金沢星稜大学教養教育部准教授
〔執筆担当〕第 6 章・第 7 章

松浦 年男 (まつうら としお)
北星学園大学文学部教授
〔執筆担当〕第 2 章

藤木 晶子 (ふじき あきこ)
北星学園大学短期大学部専任講師
〔執筆担当〕第 3 章

石川 悟 (いしかわ さとる)
北星学園大学文学部教授
〔執筆担当〕第 4 章

米谷 さくら (よねや さくら)
酪農学園大学大学院在籍中
〔執筆担当〕第 5 章

jamovi でトライ！ 統計入門
——フリーソフトウェアで始める科学データの分析

2022 年 9 月 15 日　　初版第 1 刷発行

編　者　眞嶋良全・永井暁行
発行者　中西　良
発行所　株式会社ナカニシヤ出版
〒606-8161 京都市左京区一乗寺木ノ本町 15
Telephone　075-723-0111
Facsimile　075-723-0095
Website　http://www.nakanishiya.co.jp/

印刷・製本＝中村印刷／装幀＝白沢 正
Copyright ⓒ 2022 by Yoshimasa MAJIMA and Akiyuki NAGAI
Printed in Japan.
ISBN978-4-7795-1531-6　C3011